KB052986

아주 작은
생각의 힘

Original Title : Think Small
First Published in Great Britain 2017 by Michael O'Mara Books Limited
9 Lion Yard Tremadoc Road London SW4 & NQ
Copyright © Owain Service and Rory Gallagher 2017
All rights reserved.
No part of this book may be reproduced or transmitted in any form or by any means, electronic or
mechanical, including photocopying, recording, or by any information storage and retrieval system,
without the written permission of the publisher.
KOREAN language edition © 2017 by Starry Book Publishing Ltd.
KOREAN translation rights arranged with Michael O'Mara Books Ltd through Pop Agency, Korea.

이 책의 한국어판 저작권은 팝에이전시(POP AGENCY)를 통한 저작권사와의 독점 계약으로 별글 출판사가
소유합니다. 신 저작권법에 의하여 한국 내에서 보호를 받는 저작물이므로 무단전재와 무단복제를 금합니다.

최고의 변화를 만드는 7가지 행동법칙

아주 작은 생각의 힘

THINK SMALL

오웨인 서비스·로리 갤러거 지음 │ 김지연 옮김

별글

크게 성공하기 위해 작게 생각하라

우리는 종종 무언가를 성취하려는 사람을 도와줘야 하는 상황에 맞닥뜨린다. 그 도움이 필요한 대상은 가까운 친구이거나 직장동료, 고객, 또는 아이일 수도 있고, 심지어 나 자신일 수도 있다.

우리는 더 건강하고 나은 삶을 살기 위해, 사랑하는 사람에게 피해를 주지 않으며 목표를 이루기 위해 노력하며 살아간다. 하지만 바람대로 살아가는 게 쉽지만은 않다. 세상은 수많은 유혹과 방해요소, 그리고 여러 압박으로 가득하기 때문이다. 게다가 우리의 사고와 삶은 낡아빠진 관성으로 가득 차 있다. 정신이 산만해지면 마치 예정된 수순처럼 원점으로 돌아가고 만다. 그 순간 우리는 더 나아가지 못한 채 멈춰버리고, 결국 재정립해야 할 삶의 목표는 희미해지거나 사라져버린다.

행동통찰팀, 주로 '넛지팀'이라 불리는 조직은 2010년 영국의 내각 기구로 설립되었다. 행동통찰팀의 궁극적인 운영 목적은 '과거의 관료주의를 타파하고 더 나은 선택을 할 수 있도록 독려하고 도와주는 지혜로운 방법을 찾는 것'이었다. 다시 말해 더 나은 선택을 할 수 있도록 이끌되 그 접근 방식은 유연하고 강제성이 없으며 선택의 자유를 침해하지 않는 '자유주의적 개입주의'에 근거를 두었다. 행동통찰팀의 특정 프로젝트 또는 역할의 성패에 대해서는 다소 이견이 있는데 '더 나은 선택을 할 수 있도록 독려하고, 성공으로 이끌 수 있는 훌륭한 방법'을 찾는 것이 기본 운영 방침이다.

어쩌면 우리는 부모, 친구, 또는 동료로서 늘 '넛지'를 행하고 있다. 여기서 질문을 하나 던져본다. 우리가 더 잘할 수 있었을까? 특히 지난 50년 동안 행동과학이 이룬 통찰력을 이용해 나와 내 주변 사람들이 더 나은 선택과 목표를 달성할 수 있도록 진보된 기술과 기량을 갖추도록 해주었을까?

대답은 '그렇다.'일 거라 생각한다. 그리고 이것이 바로 이 책의 출발점이다. 목표 달성을 위한 기술과 역량을 모두의 손에 쥐어주는 것은 아주 중요한 일이다. 나는 행동통찰팀의 업적과 더 일반적인 심리학이 모두에게 공개되어야 한다고 늘 생각해왔다. 팀의

아주 작은 생각의 힘

투명한 운영을 위해서가 아니라, 이것이 누구나 이용할 수 있어야 하는 지식 체계이기 때문이다.

더 나은 선택을 위한 행동 비계

새로운 기술이나 습관을 만들거나 목표를 달성하는 데는 실제 건축물을 세울 때처럼 여러 기술과 이론이 적용된다. 예를 들어 자유의 여신상을 완성된 상태로만 보면 복잡하고 어려웠던 건축 과정을 간과할 수 있지만 실제로는 수많은 설계와 건축 기술이 필요했다.

즉 행동이든 건축물이든 완성하려면 튼튼한 토대가 필요하고, 건물의 무게와 압박을 견딜 수 있도록 잘 배치되어야 한다. 처음 건축을 시작하는 시기에는 구조나 접합이 약하기 마련이라 건축물을 잘 짓기 위해서는 약한 부분들을 받쳐줄 비계(건축 공사를 할 때 설치하는 임시가설물, 작업을 위한 발판-옮긴이)가 필요하다. 비계는 튼튼하게 만들어져야 하며 비바람으로부터 건축물을 보호해야 할 것이다.

그렇게 제대로 건축물을 올리고 나면, 비계를 분해해야 하는 날이 온다. 이때 당신의 건축물은 홀로 당당히 서 있을 것이고 목적에 맞게 제 기능을 할 것이다.

이 책에서 저자들은 방대한 심리학 문헌에서 얻은 교훈과 행동통찰팀의 현장 정보를 자신만의 '행동 비계'를 만들기 위한 필수 재료들로 바꾸었다. 실제 건축물의 철골 비계처럼 행동 비계에도 확실한 기술과 계획이 필요하다. 다음에 길거리에서 비계를 발견하게 된다면 거대한 건축물을 만들기 위해 얼마나 튼튼하게 만들어졌는지를 한번 살펴보며 그 기술을 느끼길 바란다. 비계는 단단하게 버티면서 건축물과 연결되어 있으며 절대 아무렇게나 만들어지지 않았다. 이 책은 이처럼 당신의 목표 달성 프로젝트에 필요한 비계를 만들 기술과 재료를 제공한다.

이 책을 읽으면서 당신 또는 당신이 돕고자 하는 사람에게 중요한 목표를 성공적으로 달성하기 바란다. 그리고 앞으로 살아가면서 끊임없이 도움이 되어줄 일련의 '기술 도구 상자'를 얻게 될 것이다.

때로 성숙한 어른들도 규칙을 거부하는 아이들처럼 정해진 틀속에서 살려고만 하지는 않는다. 복잡하고 다면적인 사고와 행동은 인간 조건의 일부분이다. 이에 비해 '본능'은 우리가 하고자 하는 것이 무엇인지, 어떻게 할 것인지, 또는 최선이라 생각한 계획이 압박과 습관으로 인해 어떻게 무너져버리는지를 알아내도록할 뿐이다. 따라서 이 책은 당신에게 중요한 무언가를, 또는 가까운 누군가를 성공적으로 도와줄 수 있을 것이다.

또한 이 책은 공무원이나 다양한 분야의 전문가 등 타인을 돕는 직업을 가진 사람들에게도 큰 힘이 될 것이다. 누군가에게 도움을 주려는 당신은 태생적인 '넛저'로, 다른 사람들이 더 배우고 더 잘 살 수 있도록 도울 기술을 이미 지니고 있다. 만약 이 책과 관련 연구들이 조금이라도 당신의 일이 더 잘되도록 도와줄 수 있다면, 그것이야말로 행동통찰팀이 이룬 가장 중요한 업적 중 하나가 될 것이다.

행운을 빈다. 현명하고 훌륭하게 '넛지하라'!

데이비드 할페른(행동통찰팀 최고책임자)

차 례

취업상담소

런던 외곽 에섹스의 한 취업상담소. 폴은 상담 순서를 기다리고 있었다. 스물네 살 청년인 폴은 법에 저촉되는 일을 저지른 적이 있었고 어떤 직업도 진득하게 가져본 적이 없었다. 사실 예전에는 그것이 그리 큰 문제가 되지 않았다. 굳이 애쓰지 않아도 늘 일을 쉽게 찾을 수 있었고, 정규직과 비정규직을 오가며 다양한 일을 했다.

하지만 2011년 5월 '대침체' 시기에 접어들자 그에게 일을 주던 고용주들은 망설이기 시작했다. 일자리가 점점 줄어들고 인재는 남아돌았다. 결국 폴은 7개월 동안 아무 일도 하지 못했고 상황은 급격히 나빠졌다. 그에게는 보살펴야 할 어린 딸이 하나 있었지만 임대료조차 못 내는 상황이 되고 말았다. 그래서 폴은 어떤 직장이라도 얻기 위해 혈안이 되었다. 이제 자존심을 모두 내려놓고 무엇이든 해보려고 취업상담소의 문을 두드렸다.

상담 순서가 되어 폴은 멜리사 앞에 앉았다. 멜리사는 수년간 사람들이 일자리를 찾도록 도와주었지만 관성에 젖은 시스템에 점점 회의를 느끼고 있었다. 그녀는 취업을 열망하는 이들의 수많은 문서 작성을 돕는 데 하루 일과의 대부분을 허비했다. 희망연봉을 기입하는 문서, 자기소개서, 경력증명서…. 여러 해를 거치며 멜리사는 취업상담소를 찾는 이들이 일에 대한 의욕과 자신감을 서서히 잃는 모습을 지켜보았다. 그들을 물심양면으로 도와주고 싶었지만 현재의 문서 위주 시스템과 홀로 싸우느라 진이 다 빠졌다. 게다가 시기적으로도 힘들 수밖에 없는 상황이 되풀이되어 때로는 도움을 청하러 온 사람들과 싸우는 것처럼 여겨졌다.

한계에 이른 듯한 폴과 멜리사를 완전히 바꾼 것은 그들이 세운 새로운 계획이었다. 그 계획은 수많은 상담전문가들로 이루어진 거창한 프로젝트도, 엄청난 기술을 필요로 하는 것도 아니었다. 다만 멜리사가 폴과 다른 사람을 돕고자 하는 방식을 '아주 조금' 바꾸었을 뿐이었다. 비록 그 결과가 눈에 확 띌 정도는 아니었지만 그녀의 작은 노력이 직업과 일에 대한 폴의 생각을 완전히 바꾸어놓았다. 다소 평범해 보이던 이들의 만남에서 대체 무슨 일이 일어났던 것일까.

멜리사는 평소처럼 폴에게 양식에 따라 문서를 작성하라고 말하려 했다. 하지만 폴의 심각하고 절망적인 얼굴을 본 순간 생각을 바꾸었고, 폴에게 왜 취업상담소에 오게 되었으며 직업을 가지는 것이 왜 중요한 일인지를 물어보았다. 폴은 가족과 딸을 부양해야 한다고 대답했다. 상담할 시간도 부족했고 추가적인 상담에 대한 인센티브가 있는 것도 아니었지만 멜리사는 '대화'의 필요성을 느꼈다. 그녀는 폴에게 희망하는 직업과 명확한 동기, 목표에 대해 생각해보라고 했다. 그리고 조금 더 용기를 내 구체적인 이야기를 해보자며 기운을 북돋아주었다. 이후 폴은 자주 상담을 청해 멜리사에게 취업 동기와 명확한 목표, 그리고 자신에 대한 소소한 이야기를 풀어놓았고 3개월 후 건설업 쪽이 스스로에게 적합하다는 결론을 내리게 되었다.

폴은 목표를 이루기 위해 단계적이고 구체적으로 노력하기 시작했다. 구인광고를 보고 이력서를 제출했고 이직하려는 친구에게 그 친구가 있던 자리로의 추천을 부탁했다. 더 나아가 건설 업무에 필요한 새로운 기술들을 배우기 시작했다. 일자리를 얻어야만 한다는 궁극적인 목적에만 집착하지 않았고 각 단계를 완수하는 데 집중했다.

이러한 과정은 그에게 스스로 무언가를 만들어간다는 느낌을

아주 작은 생각의 힘

주었고 일하고자 하는 강력한 동기가 되었다. 2주에 한 번씩 폴은 멜리사를 만날 때마다 더욱 힘을 내어 하고자 하는 바와 언제, 무엇을 할 것인지를 이야기했다. 그는 세세한 과정들을 기록했고 일상에서 계획들을 연결하고 맞추며 수행해나갔다. 예를 들면 매주 월요일 아침 식사 후 세 개의 이력서를 보내고 이를 기록하는 식이었다. 이런 행동은 매일 또는 매주 세워지는 계획들 사이에 연결고리를 만들어주었다. 그리고 그는 각 단계를 이룰 때마다 기록란 옆에 사인을 했다.

일련의 과정을 통해 그는 적극적으로 다음 약속이나 계획을 만들 수 있었고 완료한 것들을 멜리사에게 자신 있게 말할 수 있었다. 폴과 멜리사는 둘 다 새로운 도전을 시작했다고 생각했다. 멜리사는 더 이상 행정적인 업무에만 매몰되어 사람들을 평가하고 감시하지 않았고 폴은 스스로를 통제할 수 있는 능력을 갖추게 되었다. 물론 쉬운 일이 아니었다. 폴은 여전히 일을 구하지 못해서 계속 지원서를 써야 했다. 멜리사는 끊임없이 용기를 북돋아주었고 그 힘으로 폴은 버틸 수 있었다. 그리고 마침내 폴은 한 건설 현장에 취업할 수 있었다.

성공적으로 일자리를 찾은 폴은 멜리사에게 이렇게 말했다.

"당신의 도움으로 나는 새로운 시각으로 인생을 바라보게 되었고, 아내와의 관계도 훨씬 좋아졌어요. 딸을 돌보는 또 다른 방법도 알게 되었습니다. 고맙습니다."

행동과학

취업상담소에서 신청자들의 일자리를 찾아주기 위해 행동통찰팀이 일군 변화는 영국 전역에 소개되었다. 그리고 해마다 900만명의 사람들이 더 쉽고 빠르게 취업하는 게 가능해졌다. 이때 적용된 방법들은 '행동주의 통찰력'을 근거로 한다. 이 책에는 이와 같은 행동과학 연구의 핵심이자 가장 중요한 아이디어들을 담아낼 것이다.

우선 이 책의 내용들을 뒷받침해주는 한 가지 기초적인 이론에 대해 알아둘 필요가 있다. 바로 '인간에게는 선택을 하고, 정보를 처리하는 두 가지의 방법이 있다.'는 이론이다. '이중정보처리 이론'이라 불리는 이 이론은 노벨경제학상 수상자이자 유명한 심리학자인 대니얼 카너먼의 『생각에 관한 생각』에 잘 설명되어 있다. 이에 따르면 인간의 정보처리 방법은 빠른 체계와 느린 체계로 나뉜다. 이것을 '시스템 1'과 '시스템 2'라고 표현하기도 한다.

'빠른 체계(시스템 1)'는 쉽게 말해 '직관'으로, 노력이나 자율규제 없이 자동적으로 작동한다. 예를 들어 누군가가 '풀의 색은 무엇인가요?' 또는 '1+1은?'이라고 물었을 때 사용된다. '초록색'과 '2'라는 대답은 내가 원하든 원하지 않든 머릿속에서 툭 하고

아주 작은 생각의 힘

터져 나온다. 반면에 '느린 체계(시스템 2)'는 '이성'으로, 능동적인 주의 또는 노력이 필요하다. '12×19는?'과 같은 질문이나 길을 가다가 '걷고자 하던 경로보다 더 빠른 경로를 찾아가라.'는 제안을 받았을 때 사용된다. 특별히 뛰어난 수학자이거나 암산 능력이 있는 사람, 다양한 경로로 걸어 다니던 사람이 아닌 이상 이런 질문에 대한 답을 찾기 위해서는 능동적인 주의력과 노력이 필요하다.

물론 '빠른 직관'과 '느린 이성'은 그저 색깔을 판독하고 수학 문제를 풀고 낯선 길을 찾도록 돕는 시스템이 아니다. 인생의 목표를 정하고 추구하는 바를 이루기 위해 어떤 행동을 해야 하는지 등의 결단을 내릴 때에도 다양하게 이용된다. 문제는 대부분의 사람들이 이 시스템의 장단점과 각각의 상호작용에 대해 잘 알지 못한다는 것이다.

보통 우리는 목표를 정할 때 직관을 간과하고 이성에만 크게 의존하려는 경향, 즉 느린 체계를 이용하려는 경향이 있다. 정보처리 능력이 무제한이라면 이것이 큰 문제가 되지 않는다. 하지만 인간이라는 존재는 그렇지 않다. 주의력에는 한계가 있고 그 이상을 쓰려고 하면 실패하기 마련이다. 적절한 예로 체중 감량을 들어보자. 음식의 칼로리를 계산하며 다이어트를 하는 것이 얼마나 힘든 일인지 잘 알고 있을 것이다. 다이어트 기간이 하루 이틀이 아니라 몇 주 이상이라고 생각해보자. '인지 능력(상황이나 상태를 인지하고 분류하는 능력-옮긴이)'이 필요한 일은 생각보다 더욱 부담이 된다.

다르게 표현하자면 우리는 그저 인간일 뿐이다. 아인슈타인의 지성과 간디의 의지를 갖춘 특별히 뛰어난 '이콘(Econs, 경제적이고 합리적인 인간-옮긴이)'이 아니다. 인간의 인지능력은 범주가 한정적이고 대부분의 경우 느린 체계를 쓰고자 하는 능력을 제한한다. 그래서 귀결을 통한 사고를 생략한 채 껑충 뛰어 결론에 도달하려는 경향이 있는 '똑똑하지 않은 빠른 체계'로 쉽게 해결하려고 노력한다. 이러한 특징으로 인해 느린 체계는 칼로리를 계산하려 하고, 빠른 체계는 초코바를 보는 순간 입에 넣으려 한다. 하지만 한편으로 느린 체계가 빠른 체계의 순작용(복잡한 세상을 쉽게 살아가고자 하는)을 왜곡하기도 한다.

처음 운전을 배울 때의 느낌을 떠올려보자. 그 순간은 마치 투쟁과 같고 지속적이고 적극적인 주의력이 필요하다. 느린 체계가 완전히 지배하고 있는 시점이다. 이제 노력하지 않아도 되는(빠른 체계로도 가능한) 자동주행 자동차를 몬다고 생각해보자. 빠른 체계는 실수를 일으킬 수도 있지만(너무 많이 먹거나, 노후 준비에 실패하거나, 업무를 완벽하게 해결하지 못하는 등) 동시에 목표를 향해 가는 길로 이끌어주는 중요한 역할을 하기도 한다.

아주 작은 생각의 힘

이 책은 최근의 행동과학 자료들을 토대로 목표를 달성하는 방법을 담아냈다. 느린 체계를 현명하게 사용하면서 가장 필요한 순간에 빠른 체계를 적용시킬 수 있는 방법을 간단하게 보여주며 당신에게 길을 알려줄 것이다.

또한 이 책의 가장 큰 목적은 미래에 당신이 하고자 하는 행동의 토대를 제대로 마련하기 위해 현재의 반사 체계를 적절하게 사용할 수 있도록 하는 것이다. 이와 같은 행동을 통해 '작고 세밀한 것들'이 목표를 달성하는 데 예상보다 훨씬 중요한 역할을 한다는 것을 지속적으로 알려주고자 한다. 즉 큰 목표를 이루기 위해서는 작게 생각할 필요가 있다.

타인을 '넛지' 하는 것에서 스스로를 '넛지' 하는 것으로

이 책의 중심을 이루는 개념들은 지난 50년간의 행동과학 자료에서만 나온 것이 아니다. 지난 6년 동안 다양한 분야의 전문가들이 행동통찰팀을 시험해왔다. 물론 행동통찰팀의 최초 목적은 지금까지도 변하지 않았다. 이는 '행동과학을 통해 얻은 아이디어를 수용하여 실제 사회에 적용시키고 사람들이 스스로를 위해 더 나은 결정을 하도록 만들어주는 것'이다.

행동통찰팀이 만들어진 2010년만 해도 대부분의 사람들이 넛지의 성공을 예상하지 않았다. 언론에서는 회의적인 의견들을 쏟

아냈고 심지어 정부의 새로운 시도가 아니라 일종의 관심을 끌기 위한 술책이라고 평했다. 여러 정부 관리자들의 반대에도 부딪혔다. 그들은 정부를 프로그램을 만드는 데 막대한 예산을 쓰고 새로운 법을 만들거나 발표를 하는 곳으로만 여겼다. 복잡한 사회에는 '큰 생각'이 더 어울린다고 여겨지던 시대였기 때문이다. 토니 블레어와 고든 브라운 총리 시절에 영국 정부는 큰 생각에 중점을 두며 많은 역할을 해왔다. 예를 들어 큰 지역 단체가 주체가 되어 아무것도 없는 여백에서 시작하는 15년간의 거창한 장기 프로젝트처럼 말이다.

물론 큰 전략 프로그램 역시 다방면으로 도움이 된다. 하지만 막상 이를 실행했을 때 실제 현장에서 일어나는 일은 책상에서 짠 전략과는 실로 차이가 크다. 그래서 행동통찰팀이 만들어졌을 때 정책 결정에 대한 세부적인 사항들을 나누어 정부 프로그램이 어떻게 개인들의 일상 속 다양한 결정에 더 나은 영향을 주는지를 알아보았다. 그리고 이것은 큰 생각이 아닌, 작은 생각을 하도록 이끌었다.

첫 번째 변화는 증거를 모으는 방법의 변화였다. 행동통찰팀은 책상에서 벗어나 공공서비스가 실제로 어떻게 적용되는지를 살펴보기 시작했다. 몇 주간 취업상담소에 머물며 폴과 다른 사람들이 직장을 찾는 것을 도우며 변화의 방향을 찾았다. 또한 집행관

아주 작은 생각의 힘

의 현장 출동에 함께하며 왜 사람들이 법원에서 부과한 벌금을 제때 내지 않는지를 알아보았다. 놀랍게도 많은 사람들이 벌금 기한을 넘긴 것조차 몰랐다. 뒤이어 수백만 명이 왜 세금을 기한 내에 납부하지 않는지를 알아내기 위해 수백 장의 납세신고서를 분석하기도 했다. 각 분야마다 방대한 행동과학 조사를 시행했고 더 나은 방법을 찾기 위해 노력했다. 몇몇의 저명한 행동과학자들에게 조언을 구하고 조사에 대한 도움을 청했다. 이때 『넛지』의 공동 저자인 리처드 탈러를 포함하여 많은 전문가들이 훌륭한 조언자가 되어주었다.

시간이 지날수록 효과적인 개선 방법들이 생겼다. 새롭고 큰 전략 체계를 통해서가 아니라 작은 변화들을 묶어 한데 더하는 방식이 큰 영향력을 발휘했다. 세금독촉장에 '압도적인 수의 사람들이 세금을 기한 내에 잘 납부하고 있다.'는 내용의 문장 하나만 덧붙이면 많은 사람들을 연체료의 늪에서 구할 수 있었다. 집행관이 출동하기에 앞서 문자 한 통만 보내도 문제가 해결된다는 것도 입증했다. 또 사소한 변경 사항들만으로도 수없이 많은 실직자들을 일터로 더 빨리 복귀시킬 수 있었다.

행동통찰팀은 이러한 작은 변화들이 실제로 정책 과정에 반영되는 두 번째 변화로 이어질 때 더 효과적이라는 것을 알고 있었다. 그래서 변화를 일으킨 방법들이 실제로 효과적인지 아닌지를 파악하기 위해 엄밀한 분석과 실험을 계속했다. 모든 작은 변동 사항들을 '무작위 대조군 연구'를 통해 테스트했다. 새로운 세금고지서, 새로운 구직 과정처럼 새로운 '개입'이 있을 때마다 기존의 방식을 고수할 때와 어떤 차이가 있는지를 알아보았다. 의학 전문가들이 임상실험을 하듯 이러한 과정들은 작은 변화가 일으킨 효과를 입증해주었다.

어쩌면 정책을 발표하기 전에 테스트한다는 것은 상식적으로 당연한 일일 수도 있다. 그런데 테스트를 시작하면서 그것이야말로 새로운 출발이라는 것을 깨달았다. 꾸준히 쌓여가는 결과들은 회의적인 일부 정치인들을 돌려세웠다. 많은 작은 변화와 그 방식들을 합하면 엄청난 효과가 따라온다는 것을 명확하게 보여줄 수 있었기 때문이다. 기자들은 행동통찰팀의 결과물에 대해 보도하기 시작했다. 정부 관료들 역시 찾아와 정책을 바꿀 새로운 아이디어를 내놓았다. 행동통찰팀의 아이디어는 실제로 정책을 바꾸는 데 적용되었고 2010년만 해도 다소 급진적이라 평가받던 것들이 이제는 주류가 되었다.

지난 6년간 행동통찰팀이 이룬 변화는 크게 두 가지이다. 하나는 정부가 직접 국민을 '넛지'할 수 있는 새로운 방법을 만들었다는 것이다. 국민은 예전보다 더 많이 저축하고 더 건강하게 살고 세금을 제때 납부하고 있다. 또 하나는 새로운 기술로 공공 근로

아주 작은 생각의 힘

자들을 '넛지'하도록 도왔다는 것이다. 멜리사가 취업상담소에서 이용한 프로그램이 그 예다. 이런 것들이 바로 '넛지'의 사례로 연구되고 현장에서 사용되었다.

이제 이 책은 세 번째 변화에 대해 말하고자 한다. 그동안 상대적으로 논의가 적었던 '셀프 넛지'에 대한 것이다. 기존의 넛지가 누군가의 개입에 의한 것이었다면 이 책은 스스로가 삶과 업무를 넛지하는 방법을 소개하고자 한다. 이미 일상 속에서 많은 이들이 '셀프 넛지'를 이용하고 있을지도 모른다. 시간을 지키기 위해 시계를 몇 분 일찍 맞춰두거나 동료에게 해야 할 일에 대한 세부적인 메모를 건넨다거나 자녀의 올바르고 훌륭한 행동을 칭찬하기 위해 보상을 준비하는 등 여러 가지 사례가 있을 수 있다.

이 책은 당신이 더 체계적으로 '넛지'함으로써 삶을 변화시킬 수 있도록 할 것이다. 다양한 사례를 통해 각자에게 맞는 방법을 선택하여 목표를 이루고 더 나은 변화를 만들게 하고자 한다. 그리고 개인이 넛지를 통해 바꾼 것들에 대한 이야기와 행동통찰팀의 팀원들이 새로운 방식들을 스스로에게 적용한 결과를 보여줄 것이다. 즉 실제 행동통찰팀원들이 '넛지 도구 상자'를 열어 누구나 일상 속에서 자유롭게 그 도구들을 사용하도록 도울 것이다.

작게 생각하고 크게 이루어라

이 책은 사실 아주 단순한 '틀'을 기반으로 한다. 이제 이 틀을 일곱 가지의 주요 단계이자 개념으로 소개할 것이다. 한 가지 유의할 점이 있다. 각 주요 개념들과 이를 뒷받침하는 규칙들은 세부 사항들이 '상식적으로 적용'되어야 함에도 반직관적일 수 있다는 것이다. 그래서 각 개념의 기본적인 사항들과 어떻게 이용해야 하는지에 대한 실제적인 부분까지 설명하고자 한다.

또한 작게 생각하는 것은 결코 작은 목표를 이루라는 뜻이 아니다. 오히려 그 반대임을 유념해 이 책을 읽었으면 한다.

이 책을 통해 당신의 삶이 진짜로 변하길, 오랫동안 꿈꿔왔던 목표를 이루길 바란다. 그리고 직장과 여가 시간, 취미나 오락 등 다양한 곳에서 변화를 일으키길 바란다. 큰 목표를 이루려면 작게 생각해야 한다. 열망의 고삐를 풀어라. 작은 것에 집중하는 사고방식으로 또는 단순한 생각으로 올바른 단계를 밟아간다면 큰 목표로 향하는 지름길을 발견하게 될 것이다.

'작게 생각하는 법'은 체크리스트가 아니다. 이루고자 하는 목표를 향해 달려가고 싶다고 일곱 가지의 모든 세부적인 사항들을 그대로 따라할 필요는 없다. 대신 행동의 토대를 마련해줄 방법들을 이 책에서 찾고 각자의 목표를 세워 적당한 도구를 꺼내어 쓰고 도움을 받으면 된다.

'작게 생각하기'의 틀은 '당신의 행동 비계의 바탕이 되어줄 목표 설정과 계획을 어떻게 세울 것인가'에서 시작한다. 그다음에는 당신이 지속적인 동기부여를 통해 기둥을 세우며 건물을 지을 방법을 소개할 것이다. 이 방법은 약속을 하고, 적절한 보상을 정하고, 다른 사람을 돕고, 자신에게 도움되는 피드백을 받는 데 필요한 도구들을 포함하고 있다. 물론 모든 목표마다 그 도구를 다 사용할 필요는 없다. 하지만 다양하고 많은 재료를 갖출수록 당신의 비계는 더욱 단단해질 것이다.

마지막으로 당신의 비계를 단단하게 굳혀주고 묶어줄 끈을 만들어주고자 한다. 장기 목표를 위해 계속 열심히 노력할 수 있는 방법을 다룬 최근의 연구 자료를 통해서 말이다. 특히 어렵고 험난한 여정이나 압박이 심한 목표를 향해 가는 길에 이 끈이 큰 도움이 될 것이다.

'작게 생각하기'의 틀을 이용하여 당신에게 맞는 목표를 정하고 목표 달성을 위한 쉽고 간단하며 직접적인 방식을 이해하며 당신과 주변 사람의 세상을 조금이라도 더 나아지도록 할 수 있기를 진심으로 바란다.

1장

올바른 목표를
'결정'하라

하나의 목표에만 집중하고 명확한 대상과 기한을 설정하라.
그리고 목표를 감당할 수 있는 작은 단계들로 나누어라.
작은 여러 단계를 거쳐 목표로 향하면 성취하기가 더 쉽다는 것을 깨닫게 될 것이다.

월요일 점심시간, 사라는 자신이 직접 운영하는 고급 호텔의 업무용 책상 앞에 앉아 있다. 그녀의 주변은 호텔 레스토랑에서 선보일 신메뉴 자료로 가득하고 책상 위에는 총괄 주방장이 직접 요리한 신선한 바닷가재 파스타가 놓여 있다. 사무실에는 큰 유리벽이 있고 유리벽을 통해 프런트가 보인다. 행복한 표정의 고객들이 체크인과 체크아웃을 하며 서비스에 대해 질문하거나 공항으로 가는 택시를 불러달라고 요청한다. 또 다른 손님들은 우수 식당으로 선정된 호텔 레스토랑에서 지역의 특산물과 유기농 재료로 요리된 식사를 즐긴다. 그때 갑자기 벨이 울렸고, 사라는 꿈에서 깨어났다.

지금 사라가 있는 곳은 그녀가 다니는 전문대학의 구내식당이었고 그녀의 앞에는 바닷가재 파스타가 아닌 반쯤 먹은 참치 스파게티가 놓여 있었다. 벨소리는 오후 수업 시간을 알리는 종이었다. 사라가 기다리던 소리는 아니었다. 그녀가 가장 싫어하는 수학 시간이었기 때문이다. 다른 동기들은 개념을 잘 이해하고 진도도 쉽게 따라갔으나 그녀는 항상 수학 수업이 어렵고 힘들었다. 그러니 작년 수학 시험에 낙제한 것도 놀랄 만한 일이 아니고 재수강은 당연한 것이었다. 그래서 수업 시작을 알리는 종이 울리는 내내, 늘 그래왔듯 수업에 들어가고 싶은 맘이 들지 않았다.

하지만 그날따라 사라는 결심이라도 한 듯 빠르게 식판을 정리하고 일어나 강의실로 향했다. 그리고 강의실에 앉았을 때 기존과는 조금 다른 수업이 시작되었음을 알게 되었다. 칠판에는 아무런 공식도 쓰여 있지 않았고 어떤 방정식도, 통계도, 문제를 풀어보라는 말이 없었다.

사실 그 수업은 사라와 모든 수강생들에게 목표를 정해 단계를 밟아 나아가도록 도와주는 내용을 전달하고자 하는 특별한 수업이었다. 사라는 수업 내용을 알고 나서 꽤 회의를 느꼈으나, '기존의 수학 수업보다는 낫겠지.'라는 판단을 내리고 자리에 앉아 진지하게 내용을 들어보기로 했다.

맨 처음 사라에게 주어진 과제는 그녀의 인생과 정말로 이루고

아주 작은 생각의 힘

싶은 목표에 대해 생각해보고 '도전적인 목표'를 세우는 것이었다. 이런 질문은 그동안 받아본 적이 없었기에 사라는 적잖이 당황했다. 하지만 문득 그녀는 식사를 하면서 머릿속으로 상상했던 호텔을 떠올렸다. 그녀는 여행과 관광 사업에 관심이 많았고 음식에 대한 열정이 있었다. 그래서 어떤 목표를 세우고자 하느냐는 질문에 바로 '그것!'이라는 일종의 결심 같은 것이 생겼고 도전해야 할 자격증도 떠올랐다. 호텔과 관광 관련 자격증을 따지 못한다면 그 목표를 이룰 수도 없을 것이라는 생각에 이르렀다.

그다음 그녀에게 주어진 과제는 목표까지 가기 위해 필요한 것들을 단계별로 나누는 것이었다. 강의자는 계획이 상세할수록 더 좋다고 했다. 그러더니 노래를 더 잘 부르고 싶은 가수에 비유해보라고 했다. 가수는 그저 '나는 지금부터 이 노래를 완벽하게 부를 거야!'라고 선언하지 않는다. 대신 가장 어려운 부분에 집중해 반복적으로 연습하고 완벽해질 때까지 부른다.

사라는 큰 목표를 작은 덩어리들로 나누기 시작했다. 그리고 사라는 계획의 시작이 '수학 시험 통과'라는 것을 깨닫게 되었다. 사라가 가장 많이 연습하고 완벽해질 때까지 해야 하는 노래의 한 부분이 바로 수학이었다. 수학에서 적어도 C 이상의 학점을 받지 못한다면 낙제할 것이다. 열의에 타오른 그녀는 C 이상의 학점을 받기 위해 수학에 매진하기로 했다. 그녀는 더 많은 시간을 도서관에서 보내며 수학 문제를 풀고 특히 이해가 되지 않았던 방정식과 확률에 집중해야 한다고 스스로를 타일렀다. 그리고 이내 수학을 대하는 자세와 문제를 이해하고 푸는 방식을 바꿀 필요가 있음을 깨달았다.

특히 그녀는 자신이 한 시간 이상 집중하는 것을 굉장히 힘들어한다는 걸 알게 되었다. 나중에 행동통찰팀과의 인터뷰에서 그녀는 '30분 동안 집중하는 방법이 매우 효과적이었어요. 집중력을 최대로 발휘할 수 있었거든요. 그리고 15분 동안 쉬고, 다시 30분 동안 집중하는 방식을 택했어요.'라고 말했다. 반복되는 연습은 사라를 변화시켰다. 해야 할 일을 할 수 있는 기회가 생겼기 때문이다. 사라는 무엇에도 방해받지 않고 문제를 풀기 위해 집으로 지난 시험 문제지를 가져왔다. 수업이 끝나면 바로 도서관에 가서 복습했다. 물론 수업에 빠지는 일도 없었고 각 수업의 중요성과 수업 내용과 호텔에서 일하는 자신의 꿈과 연결고리를 보기 시작했다.

마침내 사라는 수학 과목에 B학점을 받았다. 이로써 다음 단계(자격증)를 위해 한 걸음 더 나아갈 수 있었다. 이러한 방법으로 효과를 본 것은 사라뿐만이 아니었다. 그녀는 19개의 단과를 갖춘 큰 전문대학에 다니는 9,000명의 학생들 중 하나였다. 학생들을 변화시킨 것은 행동통찰팀이 펜실베이니아대학교의 앤절라 더크워스 교수(『그릿』의 저자)와 그녀의 저명한 심리학자 동료들로 이루

아주 작은 생각의 힘

어진 팀과의 협업으로 창안한 방법이었다. 우리는 차별화된 변화를 일으키기 위해 많은 실험을 했고 강의 중에 학생들에게 방법을 알려주고 얼마만큼 동기부여가 되며 목표와 과정 설정에 도움되는지를 확인했다.

결과는 놀라울 정도였다. 우리가 이끌어낸 변화는 학생들을 학과 과정에 집중하게 하고 목표를 스스로 선택하도록 했다. 낙제를 받은 과목을 재수강하고 착실하게 수업에 참여한 학생들의 수가 10퍼센트나 상승했다. 그리고 그들의 마음속에는 목표에 도달하기 위해서 잘게 나눈 단계들마다 집중해야 하는 또 다른 '단계별 목표'가 생겼다. 그들은 큰 꿈을 꾸라는 말이 아니라 다만 모든 것이 자연스럽게 따라올 것이라는 말을 믿었을 뿐이었다. 목표를 이루고 성취하고 싶다면 필요한 작은 단계들을 떠올리기 전에 그 목표를 분명하게 바라보아야 한다.

이번 장에서는 실제적인 기술을 알려주기 전에 스스로에게 목표가 무엇인지 물어보고 이에 도달하기 위해 필요한 단계들을 생각해보게 할 것이다. 다음 장과도 연결되는 목표 설정의 세 가지 황금 법칙을 먼저 소개한다.

• 올바른 목표를 선택하라.

정말로 이루었으면 하는 것이 무엇인지를 스스로에게 물어보고, 그것이 '웰빙(Well-being)'에 도움되는지 확인하라.

• 하나의 목표에만 집중하고 명확한 대상과 기한을 설정하라.

새해 목표처럼 장황하고 긴 여러 개의 목표가 아니라 하나의 대상을 정하고 그 대상을 명확히 한 다음 목표 달성까지의 기한을 정해라.

• 목표를 감당할 수 있는 작은 단계들로 나누어라.

작은 여러 단계를 거쳐 목표로 향하면 성취하기가 더 쉽다는 사실을 깨닫게 될 것이다.

|규칙 1| 올바른 목표를 선택하라

더운 여름 아침, 산책 중인 당신에게 낯선 여성이 다가와 20달러가 들어 있는 봉투를 건넨다. 그리고 그녀는 오후 5시까지 이 돈을 당신 스스로를 위한 선물을 사는 데 쓰라는 이례적인 제안을 한다. 말을 끝낸 그녀가 홀연히 자리를 뜨고 당신은 이제 무엇을 살 것인지에 대한 행복한 고민에 빠진다.

이제 상황을 조금 바꾸어보자. 같은 사람이 다가와서 20달러가 들어 있는 봉투를 건넨다. 하지만 이번에는 타인을 위해 이 돈을 쓰거나 기부하라고 한다.

연구원인 딘, 아크닌, 노턴은 캐나다의 밴쿠버와 브리티시콜롬비아주에서 다소 황당무계한 이 실험을 시행했다. 실험이 끝난 뒤 사람들이 구입한 다양한 종류의 물품들을 확인해보았다. 자신을 위한 선물을 사라고 했을 때는 귀걸이나 커피, 스시 등을 구입했다. 다른 사람을 위한 선물을 사라고 했을 때는 조카를 위한 장난감을 구입하거나 노숙자들에게 돈을 주거나 친구들을 위해 음식과 커피를 샀다.

사실 연구원들이 알고 싶었던 것은 구입 물품이 아니라 각각의 상황에 따른 행복지수였다. 그래서 돈을 건네기 전에 피실험자들에게 현재의 행복지수에 대한 질문을 했고 돈을 쓰고 난 뒤에도 같은 질문을 해보았다. 이때 타인을 위해 돈(사회적 지출)을 쓴 사람들이 자신을 위해 돈을 쓴 사람보다 훨씬 더 행복감을 느꼈다는 것을 알아냈다. 게다가 행복감은 주어진 금액과는 전혀 상관없는 것으로 밝혀졌다. 5달러든 20달러든 차이가 없었다.

연구원들에게도 같은 결과가 나타났다. 그들은 5,000달러의 보너스를 받았는데 스스로를 위해 쓴 사람보다 다른 사람을 위해 쓰거나 기부를 한 사람의 행복지수가 더 높았다. 사회적 지출을 더 많이 할수록 더 높은 행복지수가 따라왔다. 이는 보너스의 금액보다 중요한 것이었다.

사람들은 보통 무엇이 자신을 더 행복하게 해줄지 잘 예측하지 못한다. 앞선 실험에서 처음 돈을 쓰라고 했을 때 많은 사람들이 스스로를 위해 쓰는 것이 더 행복할 것이라고 대답했다. 하지만 결과는 반대로 나타났다. 흔히 조용한 교외의 큰 저택을 꿈꾸지만 사실은 교외에 살면서 출퇴근 시간이 길어지면 결과적으로 더 피곤하고 불행해질 수도 있다. 일상을 더 풍족하게 만들어줄 것이라 생각하며 고급 제품을 사지만 실험 결과에 따르면 휴가나 휴일의 행복한 경험이 하루를 더 풍족하게 만들어준다. 또 많은 사람들이 수많은 시간을 컴퓨터나 텔레비전 앞에서 보내며 재미있다고 하지만 조사 결과 누군가를 만나고 사회적인 활동을 했을 때 더 행복했다.

그러므로 목표를 설정하기 전에 잠시 멈추고 스스로와 다른 사람을 행복하게 만들어주는 것이 무엇인지를 생각해보는 것이 중요하다. 행복을 만들어주는 것과 '주관적 안녕'은 전 세계 정부의 관심사가 되고 있다. 실제로 영국 정부는 웰빙에 대한 자료를 주기적으로 모으고 관리하고 있다. 방대한 조사 자료를 모두 공개하는 것은 어렵지만 이를 바탕으로 당신의 웰빙과 행복에 직접적인 영향을 줄 개요를 짜주고자 한다. 그리고 제어 가능한 범위 안에서 목표를 설정하려 할 때 어떤 웰빙의 요소들이 가장 중요한지를 알려줄 것이다.

우선 밝히자면 '돈'은 이 리스트에 없다. 수입이 웰빙과 관련이 없지는 않지만(부자들이 가난한 사람들보다는 행복지수가 높은 편이다.) 여러 조사 결과 웰빙지수를 높여주는 것이 돈은 아니었다. 당신이 돈으로 무엇을 할 수 있게 하느냐가 더 중요하다. 돈이 부족한 사람들에게는 수입을 늘리는 것이(또는 저축을 더 많이 하는 것이) 일반적이고 중요한 목표일 것이다.

하지만 돈이 부족하다고 생각하지 않는 사람들은 어떻게 시간과 돈을 쓰느냐가 더 중요할 것이다. 다시 말해 돈이 당신을 행복하게 해주지 않는다면 당신은 아마도 돈을 제대로 쓰고 있지 않고 있는 것이다. 그래서 우리는 당신이 목표가 지속적으로 삶의 웰빙과 안녕을 높일 수 있도록 해주는 다섯 가지의 중요한 방법들을 준비했다.

- 사회적 관계를 강화하라.
- 활발하게, 건강하게 살아라.
- 새로운 것을 배워라.
- 더 호기심을 가져라.
- 다른 사람들에게 나누어주어라.

대부분의 사람들은 사회적 관계의 중요성을 잘 알고 있다. 하지만 그것이 웰빙과 어떤 관련이 있는지는 잘 알지 못한다. 간단하게 말하자면 '사회적 관계가 많은 사람들이 그렇지 않은 사람들보다 훨씬 행복하다.'는 것이다. 오랜 관계를 지속적으로 유지하거나 종교적인 모임이나 스포츠클럽 등에서 활발히 활동하는 사람들은 높은 행복지수를 보여주었다. 이는 왜 실직이 웰빙을 방해하는지를 여실히 보여준다. 사회와의 연결고리가 끊어지기 때문이다.

물론 직업이 있을 때에도 사회적 관계의 차이가 웰빙의 차이로 이어진다. 통계적으로 사장과의 관계가 10퍼센트 정도 좋아지면, 30퍼센트의 연봉 인상과 비슷한 수준의 만족감을 얻는다고 한다. 직장 또는 개인 생활에서 단단한 사회적 관계는 정신건강에 좋을 뿐만 아니라 육체적 건강에도 영향을 끼치며 예상보다 더 긍정적인 효과가 있다.

행동통찰팀이 30만 명을 대상으로 실행한 148개의 다양한 연구 결과에 따르면, 충분한 사회적 관계의 도움을 받은 사람들이 그렇지 않은 사람들보다 50퍼센트나 높은 사회 속 생존율을 보여주었다. 사회적 고립은 매일 15갑의 담배를 피우는 것과 같다. 그러므로 사회적 관계를 더 깊고 넓게 확장시킬수록 건강해지는 셈이다.

많은 사람들이 더 건강한 삶을 살기 위한 목표를 정하는 데는 긍정적인 의미가 내포되어 있다. 여러 연구들의 공통된 결과 중 하나는 건강과 웰빙 사이에 강력한 관계가 있다는 것이다. 건강에 대해 더 많이 유의할수록 삶에 대한 만족도 역시 높아진다. 그러므로 행복해지려는 사람들은 더 건강해지려고 노력한다.

의학 보고서에 따르면, 낮은 웰빙지수는 심장질환이나 수명과도 관련이 있다. 삶을 긍정적으로 바라볼수록 감기에 걸릴 확률도 낮아지고 걸리더라도 회복 속도가 현저히 빨라진다. 더 건강하고 더 행복한 근로자들은 업무에 대해 훨씬 보람을 느끼고 적극적으로 임한다. 건강 검진을 지원하는 회사가 많아지는 것도 이와 비슷한 맥락이다. 더 건강해지기 위해 어떤 목표를 설정하는 것도 좋은 방법이다. 만약 현재 자신의 건강이 걱정된다면 당장 하나의 목표를 설정해보자.

많은 이들이 지금보다 건강해지려면 더 활동적으로 생활해야 한다고 생각한다. 일반적으로 신체 활동은 웰빙과 스트레스 저하와 큰 관련이 있다. 이런 이유로 영국에서는 의사로부터 운동을 처방받기도 하는데 특히 우울증 환자들에게는 외부 활동이 효과적인 치료 방법으로 권유된다. 또한 이러한 활동은 엔돌핀 분비와 같은 생물학적 반응을 포함하고 또 '자기효능감(주어진 행동이 성공적으로 수행될 것이라는 개인의 신념-옮긴이)'을 높여주거나 문제 해결 능력을 높여준다고 한다.

목표를 설정할 때에도 이러한 장점들은 모두 발휘되어 활동량에 따라 증가하는 효과를 볼 수가 있다. 그래서 본인과 다른 사람들을 더 건강하게 해주고 더 행복하게 해주는 목표에 대해 되짚어 보는 일은 매우 중요하다.

널리 알려져 있지는 않지만 웰빙을 향상시키는 또 다른 방법은 바로 '배움'이다. 일반적으로 새로운 것을 배우는 것을 도구적 개념으로 생각한다. 보통은 무언가를 더 잘하기 위해 배우고 교육을 받고 시험을 치르며 승진을 위해 공부하기 때문이다. 그런데 조사 결과 '배운다는 것'의 영향력은 웰빙과도 관련이 있었다. 교육은 아이의 인지 및 사회 능력 개발에 큰 역할을 하기에 많은 부모가 적극적으로 자식 교육에 열의를 보인다. 하지만 교육에만 초점을 맞추면 자라면서 배움에 대한 열정은 줄어들게 된다.

이에 비해 나이가 들어 배움의 길에 접어들면 자존감과 삶의 만족도, 낙관적 태도를 높일 수 있다는 연구 결과가 있었다. 음악적 소양을 위해 악기를 배운다거나 멋진 사진을 찍는 방법을 배우거나 요리 수업을 듣는 등의 목표를 설정하는 것도 훌륭한 선택이다. 직장 내에서 새로운 도전을 하고 기술을 배우는 것 또한 마찬가지다. 그리고 새로운 스포츠를 배우면서 다양한 사람들과 만나서 사회적 관계가 개선되기도 한다. 이처럼 새로운 기술을 배운다는 것은 웰빙으로 가는 또 다른 중요한 길이 되기도 한다.

행동통찰팀 역시 팀원들에게 새로운 기술을 배우도록 장려한다. 업무를 위해 코딩을 배우거나, 무작위 대조군 연구를 하도록 지원하면서 한편으로 다른 언어를 배우거나, 프레젠테이션 기술을 향상시키는 데 투자하거나, 팀 전체가 새로운 마케팅 기술을 배우는 등 개인의 기술 발달을 위해서도 지원을 아끼지 않고 있다.

웰빙과 관련하여 조언해줄 또 하나의 중요한 사항은 바로 '호기심'이다. 쉽게 말해 보고, 듣고, 느끼는 것에 대해 '주의를 기울이는' 활동이다. 이는 '마음 챙김(Mindfulness)'과도 관련이 있고 지금 이곳에서 일어나는 일에 대해 관심을 가지는 것으로 연결된다. 연구 결과 감각과 사고, 감정에 주의를 기울이는 프로그램을 2~3개월 정도 수강했을 경우 웰빙에 긍정적인 영향을 끼치고 그 영향력은 수년간 지속된다. 웰빙과 호기심의 관련성은 다양한 곳에서 발견된다. 이를테면 녹색으로 가득한 공간(숲이나 산)에 들어가거나 광활한 바다를 바라보는 것만으로도 심리적으로 안정이 된다고 하는데 실제로 그러한지 궁금하다면 산과 바다를 어떻게 '경험'할 것인가에 대해 생각하고 목표를 정해보라.

행동통찰팀이 유독 힘든 '장애물 훈련'을 팀원들과 함께 수행하는 이유도 여기에 있다. 물론 각 훈련들이 흥미로운 것만은 아니다. 하지만 이 활동은 신체적인 활동보다는 사회적인 활동이기 때문에 함께 수행하고 극복하면서 잊히지 않는 경험으로 남는다. 팀을 이루어야만 통과할 수 있는 장애물도 있다. 진흙탕에서 빠져

나가기 위해서 각자의 경험을 살려 한 부분을 맡아 팀이 힘을 낼 수 있도록 한다. 모두가 시간과 노력을 들여 새롭고 특별한 경험을 만들어가는 것이다. 이를 목표 설정과 연결하면, 호기심을 발전시킬 수 있는 무언가를 시작할 때 '경험'을 포함시키면 도움이 된다고 설명할 수 있다.

마지막으로 '나눔'에 대해 알려주겠다. 앞서 언급한 사례처럼 다른 누군가를 위해 소비했을 때 행복함을 느끼는 경우가 많았다. 하지만 '나눔'은 돈에만 국한된 것이 아니다. 시간을 소비하여 누군가의 만족도를 높여줄 수도 있다. 지역 단체의 활동에 활발하게 참여하는 것 또한 행복과 큰 관련이 있다.

타인에게 도움을 주는 행위가 주체의 사망률을 감소시킨다는 연구도 있다. 하버드대학교 심리학과 교수인 댄 길버트는 '타인을 돕는 것이 개인이 선택할 수 있는 가장 이기적인 행위'라고 했다. 나눔의 영향력은 심리적인 것뿐만이 아니다. 시간과 돈을 나눈다는 것은 물리적, 신체적으로도 영향을 준다. 생물학적 연구 결과에 따르면 호의에 대해 타인이 알아주고 응답할 때 '사랑의 호르몬'이라고도 알려진 옥시토신이 분비된다. 쉽게 말해 나눔은 정신적으로나 신체적으로나 나눔을 한 당사자에게 좋은 영향을 끼친다.

먼저 지역사회의 노인 또는 사회적 약자들을 적극적으로 도와주자. 그런 뒤 도움을 주기 위한 계획을 세워 재능을 기부해보자.

또는 자신의 목표를 이루기 위해 도울 수 있는 사람을 찾아보거나 다른 사람의 목표를 위해 기꺼이 도움의 손길을 내밀어보자. 가까이 있는 직장 동료들과 서로의 재능을 나누고 팀의 결속력을 더 단단하게 만들 수도 있다. 다시 언급하겠지만 타인과의 '나눔 상호작용'을 통해 만들어가는 기회나 기부로 인해 얻을 수 있는 귀중한 것들은 웰빙과 의욕 충전에 큰 도움이 된다.

이제 웰빙과 웰빙을 향상시키는 요소들에 대해 조금은 개념이 잡혔을 것이다. 더 세부적으로 들어가고 싶다면 시간을 조금 더 투자해 개인적으로 또는 사회적으로 이루고 싶은 것들을 기록해보자. 어떤 목표를 달성하고 싶은지를 생각하는 것도, 정하는 것도 '자신'이므로 '자신'을 기준으로 써본다. 이때 모든 목표들을 단번에 이루려고 하지 말고 본인의 주의력에 한계점이 있다는 것을 고려해야 한다. 다시 말해 한 가지 목표에만 집중하고 생각해보는 것이 좋다.

| 규칙 2 | 하나의 목표에만 집중하고 명확한 대상과 기한을 설정하라

현재 당신이 인도에 사는 농업 또는 공업 종사자라고 가정해보자. 당신에게는 몇 명의 자녀들이 있고 현금으로 주급을 받고 있다. 마을에서 가장 부유하지는 않지만 심각한 재정난에 허덕이는 것도 아니다.

그런데 미래를 위해 저축을 하고 싶다. 그래서 시간과 재능을 투자하여 무상으로 자산 계획을 짜주겠다는 저명한 재무설계사의 상담 프로그램에 참여했다. 재무설계사는 하나의 상세한 저축 목표를 정하는 것이 당신에게 도움이 될 것이라고 말했다. 예를 들어 자녀를 위해 교육비를 모으는 데 집중하라는 식이었다. 그리고 앞으로 6개월 동안의 지출과 수입, 저축액을 정하여 저축을 더 늘릴 수 있는지를 살펴보라고 했다.

자, 이제 조금 다른 상황을 가정해보자. 같은 조건에서 상담에 응했지만, 재무설계사가 한 가지에 집중하는 것이 아니라 여러 가지 목표를 내년까지 이루는 것을 생각해보라고 했다. 자녀교육비와 동시에 건강관리를 위해 필요한 자금, 은퇴를 고려한 노후자금까지 고려해보라는 조언을 들었다.

두 가지 상황 중 어떤 것이 돈을 모으는 데 더 도움이 될까? 많은 사람들이 후자를 선택하며 여러 가지의 목표와 동기가 있으면 돈을 더 모을 수 있을 것이라 했다. 어쨌든 돈이 필요한 곳이 많을수록 보다 동기부여가 될 테니 말이다. 어떤 측면에서는 틀린 말이 아니다. 조사 결과 아예 목표가 없는 사람보다 여러 목표를 가진 사람들이 50퍼센트나 더 저축을 했다. 하지만 하나의 목표를 설정한 사람에 비해서는 적은 금액이었다.

이 연구는 행동통찰팀의 파트너인 딜립 소만과 동료인 민 차오가 실시한 것이다. 연구 결과에 따르면 여러 목표를 설정하면 어느 것이 가장 중요한지를 자꾸 비교하게 되고 저축 금액에 따라 각 목표들이 제한된 틀 내에서 '수행을 위해 필요한 시간과 자금'을 두고 부딪힌다. 소만과 차오는 복잡한 저축 목표들의 균형 유지(자녀교육비로 들어간 돈은 노후자금으로 들어가지 못한다는 등) 문제가 가장 중요한 '저축'이라는 목표에 집중하는 것을 저하시킨다는 결론을 내렸다. 특히 목표를 이루기 힘들 때 이런 현상이 두드러진다. 여러 개의 도전 목표들은 균형 문제를 더 불거지게 하고 결국에는 한 목표에만 집중하는 게 더 낫다는 판단을 하게 만든다.

이러한 연구 결과가 당신과 너무 거리가 멀다고 느껴진다면 서구 사회에서 만연하게 일어나는 비슷한 상황들에 대입해도 된다. 많은 사람들이 지금도 다양하고 복잡한 목표를 향해 달려가고 있다. 쉬운 예로 누구나 해봤을 새해 결심을 떠올리자. 새해를 앞두고 낡은 것을 버리고 새것을 맞이한다는 기쁨에 취해 내일이면 모든 것을 바꿀 것처럼 결심을 한다. '날씬해질 것이고, 음주량을 줄일 것이며, 건강해질 것이고, 새롭고 훌륭한 일을 하거나 직장을 바꿀 것이다.' 하고 말이다. 그리고 그 모든 것을 단번에 이루겠다고 다짐한다. 비슷한 일은 직장 내에서도 일어난다. 팀장은 올해야말로 우리 팀이 가장 중요한 일을 해내고 역할을 완수할 것이라고 한다.

하지만 앞의 저축과 관련한 연구와 마찬가지로 단번에 여러 가지 '열망'을 이루려고 할 때 이를 위한 '노력'은 점점 더 줄어든다. 왜냐하면 '인지노력'이 한 가지를 완수하면서 다른 목표를 이루는 능력을 감소시키기 때문이다. 대부분의 사람들에게 일어나는 근본적인 문제는 목표의 부재가 아니라 '너무 많은 목표'에 있다. 그러니 '하나의 목표'만 정하기를 권유한다.

목표를 설정할 때는 삶의 웰빙 향상과 관련한 다섯 가지 요소들을 반영하고 각 목표별로 점수를 매겨 무엇이 목표를 이루게 해주는지 생각하라. 자원봉사 활동이든 마라톤이든 새 직장이든 아이와의 시간 또는 팀원으로서의 역할 확장이든 스스로와 다른 이의 웰빙 향상에 도움이 되는지를 고려하라.

또한 성취 가능한 목표인지 현실적으로 판단하기를 바란다. 성공의 기회에 대해 생각하기보다 각 목표에 대해 얼마나 당신이 열정적으로 또 흥미를 가지고 임할 수 있는지를 고민해보자. 열정과 흥미는 아주 어렵고 복잡한 목표일지라도 성취해가는 긴 여정 속에서 동기부여가 유지될 수 있도록 도와줄 것이다. 만약 호메로스에 전혀 관심이 없다면 고대 그리스에 대해 배우자는 목표를 설정하지 말아야 한다. 웰빙과 열정이라는 두 개의 시선으로 바라보면 목표를 다르게 생각할 수 있다. 당장 하나의 명확한 목표가 떠오르지 않는다면 장황한 목표 리스트 중 가장 가까이에 있는 것부터 선택해본다. 때로는 자주 함께 식사를 했던 친구가 메뉴를 골라주는 것이 낫다. 당신의 기호와 좋아하는 음식을 더 잘 알고 있을 수 있기 때문이다. 이직이나 대형 프로젝트 등의 큰 목표에도 적용되므로 시도해보자.

주요 목표를 설정했다면 이제는 어떤 성공을 이룰 것인지를 생각해야 한다. 명백한 대상을 정하라는 뜻이다. 수많은 연구 결과를 살펴보면 체중 감량, 업무 능력 향상, 금연, 투표, 헌혈 등 명확한 목표를 세우는 것이 그저 '최선을 다하는' 것보다 달성 가능성이 높다.

문제는 행동보다 말이 앞선다는 것이다. 대부분의 사람들이 목표를 설정할 때 중심을 잃은 채 무한한 상상의 나래를 펼친다. '체중 감량' 또는 '프랑스어 배우기'를 목표로 하면서 실제로 그것이 의미하는 바와 명확한 결과를 고려하지 않는다. 예를 들어보자. 운동한다는 것이 헬스장에 자주 간다는 뜻인가? 그런데 헬스장에 가서 대부분의 시간을 커피를 마시거나 함께 있는 사람과 수다를 떠는 데 쓴다면? 목표를 달성했을 때 그 과정이 어떠했는가를 떠올릴 수 있는(피드백의 아주 중요한 요소이다.) 명확한 대상을 정해야 한다. 이를테면 '10킬로그램 감량' 또는 '4시간 동안 달리기',

'성적 5퍼센트 향상', '프랑스 신문을 사전 없이 읽을 수 있을 만큼 프랑스어 습득하기'처럼 말이다. 그러면 목표 달성에서 애매모호한 부분이 거의 사라질 것이다. 그리고 대상을 정하는 사람이 이미 뛰어난 선수나 프랑스어 구사자가 아니어야 한다. 앞에서 소개한 대학생 사라처럼, 대상을 정한다는 것이 무언가를 얻는 것이 되어서도 안 된다. 도전하는 것에 집중할 수 있고 더 발전하고 웰빙을 향상시키는 것이어야 한다.

자, 잠시 멈추고 생각을 정리해보자. 한 가지의 분명한 목표를 정했다. 그리고 스스로가 그 목표의 대상이 되었다. 그러면 이제 목표 달성을 위해 기한 설정이 필요하다. 잘 정한 목표이고 대상이 분명하더라도 언제까지 달성할지가 불분명하다면 그 목표는 무너질 가능성이 높다.

기존의 마케팅 연구들 가운데 유효 기간을 명시해놓은 쿠폰이 유효 기간이 없는 쿠폰보다 마케팅에 더 효과적이라는 연구가 있다. 기간이 길든 짧든 제한된 유효 기간의 쿠폰에 대한 효과를 놓고 연구자들은 '만료 효과'라 칭했다. 마감일이 다가오면 구매자들은 쿠폰 사용 기한을 놓치지 않고 쿠폰을 쓰려는 욕구가 더 강해진다는 것이다. MIT의 학생들을 대상으로 한 에세이 제출 조사에서도 같은 경향이 나타났다. 기한 내로 제출하겠다고 스스로 결정한 학생들은 능력을 최대한 발휘하고 잘 마무리해서 제출하려

아주 작은 생각의 힘

고 했다. 자신만의 만료 효과가 힘을 발휘한 것이다. 그리고 다른 선택을 한 동료들보다(교수님에 의해 어쩔 수 없이 기한을 지키고자 했던) 더 나은 결과(더 훌륭한 에세이)를 만들어냈다.

이런 사례들을 보면 목표 설정을 할 때 당연하게도 명확한 기한을 설정하는 것이 낫다는 판단이 설 것이다. 예를 들어 운동을 할 때 한 시간 내로 10킬로미터를 달리겠다고 정했다면 언제부터 어떻게 할 것인지도 정해야 한다. 이제 좀 더 명확해진 계획을 세워보자. 운동은 침대에서 나오기 전부터 생각하기 시작해야 한다. 그리고 운동 전에는 담배를 피우지 않는 것이 좋다.

모든 활동은 시작되는 공간에서부터 계획되고 설정되어야 한다. 즉 한 가지의 목표에 집중하고, 대상을 분명히 하며, 언제 시작하여 언제 끝낼 것인지를 정해 '제대로 한다는 것'에는 조금 더 많은 노력이 필요하다. 하지만 시작에 노력을 조금 더 기울인다면 분명 더 많은 이익이 따라올 것이고 계획에 도움이 될 것이다.

|규칙 3| 목표를 감당할 수 있는 작은 단계들로 나누어라

2012년 런던올림픽의 트랙 사이클링 마지막 경기 날이었다. 크리스 호이는 경륜 종목 마지막 경기에 출전하여 출발선 앞에 서 있었다. 경륜은 더니라고 부르는 심판이 전기 사이클을 몰아 선수들을 끌고 다니다가 빠지면 선수들이 속도를 올려 겨루는 경기이다. 호이는 런던올림픽 최다 메달인 다섯 개의 금메달을 딴 선수였다.

2.5랩이 남았을 때 더니가 트랙에서 빠지고 진짜 레이스가 시작되었다. 호이는 처음에는 맨 앞에서 달리며 속도를 높여갔다. 하지만 랩이 반 정도밖에 남지 않았을 때, 독일 선수인 막스 레비가 앞서기 시작했고 선두를 잡은 듯했다. 치열한 마지막 접전이 펼쳐졌고 호이는 재빠르게 속도를 내기 시작해 다시 앞서게 되었다.

그해의 훌륭한 선수는 크리스 호이뿐만이 아니었다. 영국 사이클링 팀은 해당 종목의 열 개 메달 중 일곱 개를 가져가는 경이로운 결과를 이루어냈다. 감독인 데이비드 브레일스포드는 성공한 이유에 대한 질문을 받고서 선수들의 헌신 때문이라는 대답을 했다. 하지만 감독 역시 매주 35시간씩 호이의 혹독한 훈련을 함께 했으며 회복 기간에도 기강을 흐트리지 않기 위해 개인적인 일을 하지 않았다. 또한 로라 트로트 선수가 앞서 두 개의 금메달을 따 하이라이트 행사가 진행될 때에도 참가하지 않았다. 대신에 그는 팀의 성공을 최대화할 수 있는 것에 온전히 집중했다.

이것은 '한계이득(현 상태에서 한 단위가 주는 추가적인 이득. 여기서의 한계는 1단위 증감에 따라 변동되는 한계를 말한다-옮긴이)'이라고 하는데, '작게 생각하는' 방법들이 무수하게 포함되어 있는 개념이다. 브레일스포드 감독은 호이의 금메달 수여 행사에서 이렇게 말했다.

　　　　　　　　　　　　　　　아주 작은 생각의 힘

전체 원칙은 사이클링에 대한 모든 것을 쪼갠 후 1퍼센트씩이라도 향상시키면 다시 모든 것을 더했을 때 경이로운 발전을 이룰 수 있다는 생각에서 온 것입니다.

모든 것을 다룬다는 것이 브레일스포드의 전략이었다. 그는 풍동을 이용해 공력 특성을 분석해 자전거를 준비했고 그래서 공기 저항을 더 줄일 수 있었다. 또한 항균 소독 젤을 이용하여 감염을 막는 등 팀의 위생 상태를 향상시켰다. 자전거를 싣는 트럭의 바닥은 온통 흰색으로 칠해 떨어지는 가루나 자전거 사이에 긴 먼지 등이 쉽게 눈에 띌 수 있도록 했다. 2016년 리우올림픽때는 브레일스포드가 더 이상 감독이 아니었지만 영국 팀은 한계이득을 통해 더 많은 것을 이뤘고, 전보다 세분화된 관리를 했다. 장갑 대신 초크를 사용했고, 여성 선수들은 안장으로 인한 통증을 방지하기 위해 비키니 왁싱까지 했다. 팀은 또 경이로운 기록을 세우며 올림픽 금메달 여섯 개를 가지고 당당하게 금의환향했다.

모두가 올림픽 선수가 될 수도 없고 올림픽 팀이 쓰는 방법들을 마음대로 쓰기도 힘들다. 하지만 올림픽 메달을 따지는 못해도 같은 사고방식으로 목표를 향해 달려갈 수는 있다. 이런 방법을 '청킹(Chunking)' 또는 '목표를 작고 세부적인 것으로 쪼개는 방법'이라고 한다. 이 개념은 메모리 기법과 관련한 것에서 시작되었으며 기억 대상이 되는 자극이나 정보를 서로 의미 있게 연결시키거나 묶는 인지 과정을 지칭한다.

이를테면 전화번호를 외우고자 할 때 긴 번호를 나누어 외우면 더 쉽다는 것이다. 지금 한번 이 방법을 사용해보자. 0434756863을 통째로 외워보라. 10초 후에 번호를 제대로 누를 수 있는지 확인한다. 이제 비슷한 숫자를 세 덩어리로 나누어서 외워보자. 0532-799-813. 다시 번호를 떠올리면 앞의 번호보다 더 쉽게 외워진다는 것을 알 수 있다. 장기적인 목표에 적용하면 비슷한 효과가 일어난다. 해야 할 많은 일들을 단계별로 나누면 더 쉽고 빠르게 해낼 수가 있다.

단계를 나누어 목표를 이루는 방법은 두 가지가 있다. 첫 번째는 브레일스포드가 사용했던 전형적인 방법이다. 각기 다른 과제들을 순차적으로 완성하는 이 방법은 전 세계적으로 많은 직업상담소에서 사용된다. 폴과 다른 구직자들은 그저 '직업을 찾는' 노력만 하지 않았다. 그들은 직업을 찾겠다는 목표를 위해 단계를 나눠보자는 제안에 응했고 이력서를 다시 쓰고 인터뷰에 적절한 옷을 입고 지원서를 제대로 썼는지를 지속적으로 확인했다.

이러한 방법으로 다시 한번 생각해보자. 예를 들어 마라톤을 준비하고 있다고 가정하자. 그렇다면 세분화된 각기 다른 단계들로 구성된 합리적인 프로그램을 준비하여 달리기 능력을 다양하게 향상시킬 수 있도록 해야 한다. 인터벌 트레이닝(속도와 강도가 다른 활동을 교차시키며 하는 훈련-옮긴이)이 주로 이루어져야 하고, 달리는 것 이외의 것들도 생각해야 한다. 크로스 트레이닝, 사이클링, 수영을 하고 한 주에 하루 정도는 완전히 쉬어 회복의 시간을 가지는 등 다양한 방법이 동원될 것이다. 이는 직장 생활에도 적용할 수 있다. 당신이 주임 교사이고 학업 수행평가 기간이라면 우선 어떤 교사를 선택할 것인가부터 생각한다. 적합한 교육을 받은 교사를 선택하고 연습을 해보고 피드백을 주고받는 방법을 연구하고 학생과의 교류 프로그램을 짠다.

두 번째는 청킹의 변종으로 대상을 시간 또는 작업을 반복하는 식으로 쪼개는 방법이다. 따라서 해야 할 다양한 일들을 해내려면 얼마만큼의 시간이 소요될지에 집중해야 한다.

반세기 동안 심리학과 교육학 분야에 주요한 공헌을 한 알버트 반두라라는 유명한 심리학자가 이와 관련한 영향력 있는 연구를 시행한 적이 있었다. 동료인 데일 션크와 함께 그는 수학과 씨름하는 어린이들을 도울 다양한 방법을 연구했다. 참여한 아이들은 한 교내에서 수학 수업을 듣는 학생들이었다. 모두에게 책자가 주어졌고 42페이지인 그 책자에는 258개 정도의 뺄셈 문제가 있었으며 일곱 항목으로 나누어 항목당 30분의 시간이 배정됐다.

그리고 학생들을 각기 다른 그룹으로 나누었다. 한 그룹은 일곱 항목을 분류하여 여섯 장의 문제를 풀도록 했다. 이 그룹은 청킹 그룹이었다. 그들의 목표는 문제들을 나누어 쉬운 것들부터 묶어 푸는 것이었다. 다른 그룹은 같은 목표지만 어떤 청킹의 방법도 제안되지 않았다. 그저 일곱 항목으로 이루어진 42페이지의 모든 문제를 풀도록 했다.

어떤 결과가 나타났을까? 청킹으로 나누어진 문제를 풀도록 추천받은 그룹의 속도가 훨씬 빨랐고 정답도 훨씬 많았다. 그뿐만 아니라 그룹의 학생들은 수학이 더 흥미로워졌다고 했다. 작은 목표들 사이에서 자신감을 얻고 자기효능을 가지게 된 것이다. 이에 비해 다른 그룹은 흥미롭지 않았다고 대답했다.

두 번째 청킹의 변종은 특히 매일, 또는 매주나 매월 해야 하는 반복적인 일에 효과적이다. 예를 들어 금연하고자 할 때는 하루를 기준으로 시작하는 것이 좋다. 6개월 이내로 금연하겠다는 계획보다 더 쉽고 동기부여도 확실해질 것이다. 또한 저축을 하고 싶다면 연말까지를 목표로 하지 말고 월별로 목표를 쪼개어 정해라. 직장에서 연 매출 계획을 세울 때에도 월별, 또는 일별로 쪼개어 계획을 세워보자.

이 같은 방법들은 밥 보이스 교수의 의견과도 같은 맥락이다. 그는 젊은 교수들을 상대로 집필 습관을 연구했다. 몇 년 뒤 주로 성공한 교수들은 '매일 한 장씩' 쓴 교수들이었다. 한꺼번에 몰아서 집필한 교수들보다 꾸준한 속도로 하루에 한 장씩 써온 교수들의 업적이 더욱 훌륭했다.

전 세계적으로 기업에서 사용되는 애자일 프로젝트 관리를 통해서도 이러한 방식의 효과가 증명되었다. 애자일 관리는 프로젝트를 주별 '스프린트'나 일별 '스크럼'으로 쪼개어 팀의 개선과 운영을 돕는 효율적인 방법이다. 행동통찰팀의 싱가포르 지사에서도 같은 방법이 적용되었는데, 특히 기술과 관련한 스타트업 회사나 엔지니어링 기업, IT와 소프트웨어 쪽에서 사용된다.

청킹 연구의 요점은 시간별로 목표를 나누느냐 또는 해야 할 일을 다른 활동들로 나누어 묶느냐이다. 그렇다고 장기간의 목표 대상이 중요하지 않다는 뜻이 아니다. 오히려 그 반대이다. 심리학자들이 내린 결론은 장기간의 목표(궁극적인 목표)와 단기간의 대상(근접 목표) 사이의 상호작용이 가장 중요하다는 것이었다. 장기 목표는 궁극의 목적(그것이 올림픽 금메달이든 직장 내에서의 성과이든)을 향해 달리도록 도와주고 근접 목표는 명확하게 할 일에 집중하여 지금 이곳에서 자전거를 위한 공기역학 향상 또는 프레젠테이션 기술 연습 등을 완수하도록 한다.

어느 심리학자의 말을 빌리자면 '멀리 있는 꿈과 일상의 고된 노력을 연결시킬 필요가 있다.' 청킹으로 나눈 각각의 조각들을 모으면 궁극적으로 장기 목표를 잘 이룰 수 있다.

앞에 제시된 세 가지의 규칙은 목표를 향해 달리기 위한 '최적의 신발'을 당신의 발에 신겨줄 것이다. 첫 번째 규칙은 자신과 다른 사람의 웰빙을 최대한으로 향상시키기 위한 것들이 무엇인지를 찾는 것이었다. 이를 위해 바꾸고자 하는 것들을 모두 적어 항목마다 점수를 매겨보는 방법을 추천한다.

점수를 매길 때에는 두 가지의 기준을 염두에 둬야 한다. 먼저 당신의 웰빙에 어떤 효과가 있는가? 그리고 그것에 대해 얼마만큼의 열정을 가지고 있으며 얼마나 흥미를 느끼는가? 충분한 시간을 할애해 제대로 수행할 수만 있다면, 당신은 열정을 가지고 삶의 질을 높일 수 있는 목표를 이루기 위한 길목에 제대로 서 있는 스스로를 발견할 것이다. 더 나아가 타인의 삶에 영향을 줄 가능성과 기회도 가지게 될 것이다. 그리고 마침내 주요 목표를 구성요소들로 나누는 데 역점을 두게 될 것이다.

이러한 작은 '청크'들은 '작게 생각'하는 접근법에 핵심적인 역할을 해 장기간의 큰 목표 대상과 일상 속에서 실천해야 할 수많은 사소한 것들의 연결고리를 찾게 해준다. 이제 목표를 세웠으니, 2장에서는 어떻게 계획을 발전시키고 프로세스를 만들어가는지 알아보자.

2장

어떻게 '계획'을
발전시킬 것인가

THINK
SMALL

계획을 세운다는 것은 문서화나 해야 할 일들로 리스트를 가득 채우는 것이 아니다. 대신 작은 변화를 몇 가지 시도하고 각 변화가 단계와 과정을 완성하기 쉽게 해주는 것이다. 가장 중요한 교훈 중 하나는 바로 '간단하게' 하라는 것이다.

2008년 버락 오바마 전前 대통령의 선거 캠페인이 펼쳐졌던 시점으로 돌아가보자. 미국은 '오바마니아'의 시대였다. 버락 오바마의 인기는 미국 전역의 젊은 캠페인 활동가들에 의해 걷잡을 수 없이 치솟았다. 승리를 이끈 주역은 유권자들과 온라인으로 소통한 접근 방식이었다. 이는 실로 소셜 미디어 혁명을 일으킨 첫 대통령 선거였으며, '페이스북 선거'라는 별명까지 붙을 정도로 화제였다.

선거 캠페인 운동가들은 스마트했다. 운동가들은 사람들을 북돋아 관심을 유도했고, 같은 방법으로 선거를 하도록 유인했다. 그 방법은 마음이 가는 누군가에게 투표할지를 물어보는 것이었다. 과거의 선거 운동 관련 연구는 전화를 이용했을 때 선거 결과에 변화가 있는지를 다뤘다.

하지만 행동과학 연구의 중심 전제 중 하나는 정해진 질문이 드라마틱한 영향을 주느냐이다. 캠페인팀은 실제로 선거를 위해 유권자들이 선거장에 오도록 하는 것을 목표로, 기존보다 더 나은 방법을 찾아야만 했다.

하버드대학교 교수이자 행동통찰팀의 다양한 교육 프로젝트를 함께 수행하고 있는 토드 로저스와 동료인 노트르담대학교의 데이비드 니커슨 교수가 이에 관한 연구를 실시했다. 누군가가 간단한 계획을 세우는 데 도움을 주면 그 사람은 그 의도에 따라 행동하려는 경향이 있다는 데 두 교수는 심리학적인 관심을 가졌다. 전제는 간단했다. 단순히 투표를 할지 물어보는 것보다 어디서, 언제, 그리고 어떻게 투표를 할지를 생각해보도록 유도했다. 그들은 대규모 투표 시행 인원 조사를 시행했다. 펜실베니아주의 민주당 경선 투표에 참가하는 약 30만 명의 사람들을 대상으로 계획을 유도하는 것이 얼마나 효과적인지를 알아내기 위한 조사였다.

한 그룹은 다가오는 선거일과 선거권에 대한 안내 전화를 받았다. 두 번째 그룹은 이번에 투표를 할지에 대한 질문을 받았다. 세 번째와 마지막 그룹은 몇 시에 투표를 할지, 어디에서 출발하여 투표를 하러 갈지, 투표에 앞서 어떤 일을 하고 있을지에 대한 질문을 받았다. '언제, 어디에서, 어떻게'라는 추가적인 질문은 계획을 유도하고 독려하기 위해 의도적으로 만든 것들이다. 이로 인해 유권자들은 짧지만 간단하게 생각할 시간을 가지고, 일상의 순간과 투표를 연결하는 인지능력을 발휘하게 된다.

그렇다면 어떤 방법이 가장 효과적이었을까? 선거에 대한 정보만을 알려준 전화를 받은 그룹에서는 선거 안내 전화를 받지 않은 사람들과 비슷한 수준으로 투표 가능성을 내비쳤다. 투표를 할 것이냐는 전화를 받은 사람들은 첫 번째 그룹보다 2퍼센트 정도 더 높은 가능성을 내비쳤다. 이에 비해 투표 계획에 대한 질문을 받은 사람들에게서는 구체적인 질문의 효과가 나타났다. 4.1퍼센트 이상 높은 확률이 나타난 것이다. 그리고 가장 놀랄 만한 점은 실제 유권자들에게 적용했을 때 9.1퍼센트나 더 높은 투표 결과가 나타났다는 것이다.

일련의 결과들은 선거 결과에 관심이 있는 사람들에게 더욱 의미 있었다. 로저스와 니커슨이 짚어냈듯 2012년의 대통령 선거에서 플로리다와 노스캐롤라이나, 오하이오 유권자들의 실제 투표율이 2.1퍼센트가 상승했다. 이렇듯 접전이 예상될 때에는 더욱 간단하면서도 실제적인 계획이 선거 결과를 바꿀 수 있다.

계획을 세우는 것은 목표 달성에 가장 중요한 요소이다. 또한 계획과 작은 세부 사항을 어떻게 세우느냐에 따라 더 훌륭한 결과를 도출해낼 수 있다. 다음 세 가지의 중요한 규칙들이 그 세부 사항들을 올바르게 결정하도록 도와줄 것이다.

- 간단하게 만들어라.

정신적인 노력을 줄일 수 있도록 간단하고 명확한 규칙을 만들고 목표에 필요한 만큼만 설정하여 목적에 벗어났을 경우 바로 알아차릴 수 있도록 하라.

- 실행이 가능하도록 상세한 계획을 세워라.

어떻게, 언제, 어디서 필요한 것들을 실행할지를 알게 될 것이다. 각 단계들을 쉽게 따라할 수 있는 것으로 상세하게 설정하라.

- 계획을 습관으로 만들어라.

목표를 위해 반복적인 행동을 하다 보면 흥미를 느끼게 되고, 습관으로 만들면 목표 달성에 훨씬 도움이 된다는 사실을 알게 될 것이다.

| 규칙 1 | 간단하게 만들어라

몇 년 전 오웨인은 음주량을 줄이기로 결심했다. 그는 퇴근 후 저녁 준비를 하면서 자주 와인 한 잔을 마시고 아내에게도 한 잔

아주 작은 생각의 힘

씩 따라주었다. 식사를 하면서 또 한 잔을 마시고, 식사 후에 텔레비전을 볼 즈음엔 한 병을 거의 다 비웠다. 그렇다고 그가 과음하는 편은 아니었다.

하지만 이 같은 음주 습관이 지속되면서 '중간과음자'가 될 위험이 높았다. 중간과음자란 와인이나 맥주 한 잔을 마시는 것이 일상의 습관으로 굳어버린 사람을 일컫는다. 영국에서는 일반적으로 성인 남성을 기준으로 하루에 서너 잔을 마실 경우 건강에 특별히 위험하다고 보지는 않으나 넉 잔 이상은 권유하지 않는다. 하지만 와인 한 병은 대략 9~10잔 정도의 양이므로 위험요소의 문턱을 넘은 것이었다. 그럼에도 오웨인은 더 건강해지고 싶었고 허리둘레도 조금 줄이고 싶었다.

그는 '음주량을 줄이는 것'을 목표로 삼는 것이 건강해지는 데 충분하지 않다는 것을 알고 있었다. 명료하지 않은 목표는 최고의 방법이 아니다. 의사의 가이드라인에 맞춰 하루에 서너 잔 이상의 술을 마시지 않는 게 최선이었다.

하지만 가이드라인을 엄격하게 따르는 데는 수많은 문제들이 남아 있다. 첫 번째 문제는 계산법에 있다. 서너 잔은 어느 정도인가? 맥주 한 캔을 땄을 때 몇 잔을 마시는지 어떻게 계산할 것인가? 특히 와인의 경우 더 문제가 된다. 종류에 따라 알코올 함유량이 다르며 대부분의 사람들은 알콜 함유량이 적은 술은 더 마셔도 된다고 생각한다. 그리고 정확한 양을 따르지도 못할뿐더러 기준이 되는 양대로 마시지도 못한다.

두 번째 문제는 심리적인 것이다. 간단히 양을 재어 제한을 두는 것이 합리적으로 보이겠지만(어려운 일이 아니다. 주로 750밀리리터 또는 125밀리리터로 제품이 나오기 때문에 쉽게 양을 잴 수 있다.) 냉정하게 정한 목표대로 마시는 것과 이미 가볍게 달콤한 와인 한 잔을 마신 뒤 나중에 다른 와인을 마시기 시작하는 것의 차이는 상당하다. 이는 자기제어의 온도 차에서 오는 문제다.

그래서 오웨인은 매번 계산기를 두드리는 방법보다 더 간단하면서도 확실한 방법을 선택했다. 우선은 쉽게 한계를 넘어서지 않을 방법을 생각했다. 심리학자들은 이런 방법을 일종의 '명확화 기법(Bright Lines)'이라고도 한다. 명백한 것이 확실히 효과적이다. 명확화 단계에 들어서면 규칙을 실행할 때 필요한 인지노력을 줄일 수 있다. 오웨인이 결정한 명확화 단계에 속하는 방법은 '주중에는 집에서 절대 음주를 하지 않겠다.'는 것이었다. 만약 월요일 오후 집에서 와인 병을 따면 규칙을 어기게 되는 것이다. 아주 간단했다.

하지만 이는 완벽한 금주법은 아니었다. 이를테면 주말에 친구와 근처 펍에서 술잔을 기울이는 것은 괜찮다고 생각했기 때문이다. 간단하고 명확한 규칙을 통해 자연스럽게 그는 기한을 설정했다. 한 달 동안 금주 계획을 반드시 실행하기로 했다. 그리고 성공하면 나머지 11개월을 채워 1년의 목표로 정했다. 놀랍게도 그의 계획은 착착 잘 진행되었다. 아니, 매우 성공적이었다. 2년 전에 세운 첫 '한 달'간의 목표가 지금까지 '장기간의 습관'으로 이어진 것이다. 아주 드물게 몇 번의 주말 약속을 제외하곤 '집에서 주중에 절대 금주'라는 목표를 완벽히 달성했고 이는 주말까지도 영향을 끼쳤다. 만약 계속 음주를 했다면 2년 동안 80병의 와인을 비웠을 것이다. 오웨인은 명확한 목표를 세운 덕에 조금 더 건강해지게 되었다.

이번에는 '안식일에 일하지 않기'를 생각해보자. 그리고 이 간단한 규칙을 유럽의 노동 시간과 비교해보자. 유럽에서는 노동 시간을 평균적으로 주 48시간으로 제한하고 최소 조건으로 11시간을 연속적으로 일한 뒤에는 쉬어야 한다고 명시하고 있다. '안식일에 일하지 않기' 규칙은 지키기 쉬워 보인다. 업무 후 얼마만큼을 안식일로 지정하느냐에 따라 쉬면 된다. 하지만 기관마다 업무 시간 규정이 다르고 때론 일주일의 업무량을 얼마만큼 소화했느냐가 잣대가 되기도 한다. 따라서 이 애매한 규칙은 현실적으로 지키기가 힘들다.

비슷한 사례를 하나 들어보자. 일주일의 칼로리를 계산하는 다이어트와 명확하고 간단한 규칙을 정한(이를테면 5:2 다이어트)

다이어트의 차이를 생각해보자. 5:2 다이어트는 로리와 아내가 결혼을 앞두고 실행한 방법이다. 이는 일반적인 식사를 주중 5일을 하고, 나머지 이틀 동안 500칼로리(여성의 경우), 또는 600칼로리(남성의 경우)를 줄인 식사를 하는 것이다.

이 방법을 선호하는 사람들에 따르면, 경우에 따라 식사를 제한하므로 실행하기가 더 쉽다고 하며 식습관을 재고해볼 수 있어 건강에도 도움이 된다고 한다. 관련 연구자들이 다이어트 실행자들을 무작위로 조사했는데 비슷한 결과가 나왔다. 복잡한 규칙을 세운 사람들에게서 '금식의 위험과 몸무게 관리 프로그램이 요구하는 인지적 측면의 붕괴'라는 단점을 발견한 것이다.

업무와 관련해서도 마찬가지다. 금요일마다 주 업무에 대한 평가를 해 성공한 부분에 대해서 인정받고, 실패한 부분에 대해서는 조언을 들으면 업무 능력이 올라갔다. 그러면 일요일에는 굳이 일을 할 필요가 없어지는 것이다.

'명확하고 간단하게 계획을 세우는 것'은 행동통찰팀이 주목하는 가장 중요하고 유용한 목표 달성 방법 중 하나이다. 우리는 이 방법을 수백 개의 정부 정책에 적용했다. 예를 들어 은퇴 후를 고려해 저축하고자 할 때 상담 기관에 연금 관련 상품을 문의하면 전문가의 조언을 구할 수 있다. 하지만 상담이 끝난 후에도 대부분의 사람들은 계획 달성에 실패한다. 그리고 다시 계획을 세우고자

아주 작은 생각의 힘

할 때에는 이미 늦은 경우가 많다. 대신에 영국 정부가 2008년부터 시행했던 방법을 따라해보면 어떨까. 연금 제도에 자동적으로 등록할 수 있도록 하되 원치 않을 경우 '빠져 나올 수' 있도록 하는 것이다. 자유를 포함시키면 실행이 더 쉬워진다. 자동등록 시스템은 지금까지 900만 명의 저축을 성공적으로 도와주었다. 쉽게 등록할 수 있고 명확한 기한이 정해져 있었으며 해지가 자유로웠다.

느리고 긴 계획은 빠른 사고 시스템에 접목시켰을 때 더 효과적이다. 1장에서 말했듯 모든 정보를 취하고, 모든 방법을 적용시킬 수 없다. 그렇다면 장단점을 파악하고 쉬운 방법을 택하는 것이 빠르다. 미래의 결정에 대한 인지노력을 줄이는 것이 얼마나 실생활에 도움되는지를 알았다면 그 방법이 효과적임을 알 것이다. 이는 버락 오바마 대통령이 왜 회색과 푸른색의 셔츠만 입는지에 대한 해답이기도 하다. 오바마는 '결정할 종류를 줄이려고 하는 것'이라 말했다. 또한 '내가 먹고 입는 것에 대해 여러 선택지를 고려하고 싶지 않다. 왜냐하면 나에게는 너무 많은 선택지가 주어지기 때문이다.'라고 피력했다.

이제 자신만의 명확화 기법으로 생각을 전환해보라. 또 목표를 쉽게 이루기 위해 해야 할 '쉬운' 일들을 고려하길 바란다. 이것이 바로 목표 실현을 위한 계획의 첫 단계이자 강화된 방법이다.

목표를 쉽게 설정한 것이 연결고리가 되어 나머지 과정을 순탄

하게 만들어준다. 말하자면 다이어트를 위해서는 집과 직장에서 절대 간식을 먹지 않는다는 규칙부터 세우라는 것이다. 그리고 그 규칙을 지키기 위해 모든 간식을 눈앞에 두지 않도록 치워버리는 것부터 시작하자. 이후의 부수적인 노력은 그동안 해보지 않았던 것들 중에서 선택해도 좋다. 직장까지 걷거나 자전거를 이용해서 간다든지, 자기 전에 스트레칭을 10분 이상 한다든지, 따라하기 쉬우면서도 그동안 실행하지 않았던 것들을 규칙에 넣어본다.

목표가 가족과 함께 더 많은 시간을 보내는 것인데 처리해야 할 업무가 많아 컴퓨터를 끄지 못하고 있다면 업무 처리에 대한 부분을 더 명확하게 하여 일을 간단히 처리해 가족과 떨어져 있지 않는 방법을 찾아라. 이를테면 휴대폰으로 간단하게 일을 처리할 수 있도록 설정하거나 저녁 8시 이후에는 이메일 접속을 절대 하지 않는다는 등의 간단한 규칙을 세우는 것이다.

역설적으로 여러 규칙이 사실은 '제거해도 되는 것'임을 깨닫게 되기도 한다. 앞서 만나본 폴은 직장을 구하기 위해 세운 규칙과 부딪히는 기존의 시스템을 과감하게 정리했다. 시간 대비 얻는 것이 적은 것들을 제거하자 구직의 문을 더 빨리 열 수 있었다. 첫 단계로 목표를 쉽게 만들고 명확하게 설정하는 것이 단순한 계획을 만들어준다. 그리고 그다음 단계로 더 빠르게 갈 수 있도록 해준다. 일상 속의 순간들을 해야 할 일들과 연결시켜라. 그것이 가장 간단하고 쉬운 방법이다.

| 규칙 2 | 실행 가능한 상세 계획을 세워라

독감은 언제 어디서든 우리를 위협하고 있다. 열이 오르거나 쉽게 피로해지는 현상을 한번쯤은 겪어보았을 것이다. 기침과 두통을 동반한 감기와 같은 증상은 종종 찾아오는 손님처럼 익숙하기까지 하다. 하지만 어쩌면 너무 익숙하거나 감기와 비슷한 증상으로 시작되기 때문에 대부분 독감이 얼마나 심각한 병인지를 깊이 생각하지 않는다. 일주일 정도면 충분히 독감이 낫지만 그렇지 않은 사람들도 있다. 어린아이들이나 나이가 많은 사람들, 특히 임산부나 다른 질병을 앓고 있던 사람들에게 독감은 때로 치명적이다. 흉부 감염으로의 위험까지 있어 독감의 영향력은 실로 상당하다. 독감을 '조용한 살인마'라고 부르는 이유도 이 때문이다. 미국에서만 한 해에 20만 명 이상의 독감 환자가 발생하고 8,000명 이상이 사망에 이른다.

다행히도 심각한 독감을 막을 수 있는 백신이 개발되어 사망률과 치료비가 줄어들었다. 하지만 문제는 백신을 맞지 못한 (또는 맞지 않은) 사람들이 있다는 것이다. 백신의 부작용을 우려해 자발적으로 맞지 않은 사람들, 정보가 없어 기회를 놓친 사람들, 예약을 해놓고 바빠서 시기를 지나버린 사람들 등 다양하다.

이처럼 해야 하는 것을 알고 있었지만 실행에 실패했을 때에는 간단한 계획이 기적을 만들기도 한다. 펜실베이니아대학교 와튼 스쿨의 교수인 케이티 밀크만이 이를 실험했다. 밀크만과 동료들은 팀을 꾸려 중서부의 큰 공익 단체에 속한 3,300명의 근로자들을 대상으로 백신 접종을 권유했다. 보험에 가입된 모든 근로자들은 백신 접종 기한과 기관들에 대한 안내문을 전달받았다. 그런데 그중 일부에게만 간단한 백신 접종 계획을 세우도록 조금 다른 안내문을 전달했다. 그들은 명확한 접종 일자와 기관 선정 계획을 세웠으며 이 작은 안내문은 13퍼센트나 더 많은 접종률을 보여주었다.

이러한 변화가 미국 전역에서 이루어진다면 수천 명의 목숨을 더 살릴 수도 있을 것이다. 밀크만의 '계획 만들기' 안내문의 주요 원칙은 오바마의 선거 운동과도 같은 맥락이다. 두 방법 모두 심리학자이자 뉴욕대학교 교수인 피터 골위처의 아이디어인 '실행 의도(Implementation Intentions)'에서 왔다. 골위처는 개인이 어떤 일을 하기 위해 노력을 했음에도 불구하고 실패했을 때 목표를 다시 이루기 위해 필요한 것이 무엇인지에 대해 조사했다. 그 결과, 미래를 예측하는 것과 목적을 이루는 것의 인지 관계가 성립될 때 사람들은 더 노력하려 한다는 사실을 알게 되었다.

밀크만을 다시 예로 들자면 백신 접종 안내 시 특정 시간과 날

짜, 그리고 계획의 실행 사이의 인지 관계를 만들었다. 오바마의 선거 운동은 이와 유사하면서도 더 강력한 경우이다. 선거 운동가들은 투표 전의 상황을 예측하고 유권자가 어디로 투표하러 올지에 대한 계획을 세웠다. 이런 시도는 유권자들로 하여금 투표에 대해 계속 생각하게 만들었다. '언제', '어떻게', '어디서'라는 질문은 주어진 상황에 신호 역할을 한다. 그리고 상황(아침을 먹은 후에)을 실행(투표하러 간다)으로 연결하는 관계를 만들어낸다. 모든 '작게 생각하기' 전략은 대단한 변화를 필요로 하는 것이 아니며 작은 변화로 목표를 쉽게 이룰 수 있게 해준다.

골위처와 연구원들은 실행 의도를 다양한 분야에 적용했는데 그중 가장 주목할 만한 것을 살펴보자. 그는 연구를 위해 학생들에게 크리스마스 전날 오후와 저녁 시간을 어떻게 보낼 것인지에 대한 리포트를 작성하는 장난스러운 과제를 내주었다. 학생들은 이 시간을 어떻게 느끼는지와 즐거운 여가 활동으로 얼마만큼의 시간을 쓸 것인지에 대해 써야 했고 크리스마스 연휴 동안 리포트를 완성해 가능한 한 생생하게 써야 했다. 골위처는 학생들이 의도적으로 이 과제를 선택했다고 분석했는데 그 이유를 학생들이 '이상한 과제는 경쟁력이 약하다.'고 판단했기 때문이다. 다시 말해 의도에 따라 쉽게 결과를 만들어낼 수 있고 연휴를 맞이하며 기분 좋게 응할 수 있는 단순한 과제였다.

그다음 단계로 골위처는 학생들을 두 그룹으로 나누어 한 그룹에 실행 의도 계획을 세우도록 했다. 그룹에 속한 학생들은 언제 어디서 리포트를 쓸지에 대해 생각하고 집중해야 했다. 예를 들어 한 학생은 일요일 오후 교회에서 돌아오자마자 아버지의 책상에 앉아 리포트를 쓸 계획이라고 했다. 골위처의 연구는 실행 의도 계획을 세운 학생들의 과제 제출 비율이 계획이 없던 학생들보다 두 배 이상 높다는 결과를 내놨다.

이 간단한 연구 사례가 나와는 동떨어진 이야기처럼 여겨진다면 골위처의 최근 연구에 이용된 기술, 그리고 어떤 목표를 세우든지 적용시킬 수 있는 방법을 살펴보는 것을 추천한다. 연구에 따르면 언제, 어떻게, 어디서라는 전제하에 실행 의도에 따라 세운 계획은 과일 섭취의 증가, 대중교통 이용 빈도 증가, 차별 줄이기, 운동 횟수 증가, 다이어트, 학문적 성과 향상, 금연, 재활용 등의 사례에서 효과적이었다.

이러한 사례들은 목표 달성을 위한 '장애 요인 확인'을 포함하며, '만약에 계획'이라고 부르기도 한다. 쉽게 말해 '만약 X라는 상황에 처한다면 나는 Y를 할 것이다.'라는 구조가 적용된다. 이를테면 '만약 오후 8시 이후에 귀가한다면 나는 업무용 컴퓨터를 켜지 않을 것이다.'와 같은 것이다. '만약에 계획'은 사전에 방법을 생각해보는 것으로, 어떻게, 언제, 어디서 실행할지를 도와주는 훌륭한 방법이다.

실행 의도를 이용해 목표를 이루는 방법 중 하나는 청크에 집중하는 것이다. 장기간의 목표를 세웠을 때 45분간 악기 연주하거나 외국어 공부하기, 마라톤 경기를 앞두고 하루 한 시간씩 달리기 등과 같은 청크들은 유용하다. 이는 실행 의도의 '어떻게'라는 부분을 형성한다. 각 청크에 대한 명확한 실행 계획이 세워지면 최고의 '트리거(생각과 행동을 바꾸는 심리적 자극, 실행 계기)'가 될 상황에 대해 생각하기 시작할 수 있다.

가장 쉬운 방법은 일상에 적용하는 것이다. 최고의 트리거는 특정 순간이나 장소에서 실행할 만한 것에서 출발한다. 그러면 '언제' 그리고 '어디서'라는 실행 의도를 명확하게 정할 수 있다. 트리거는 아침의 기상 알람이나 퇴근 후의 저녁 시간이 되어줄 수 있다. 이를 바탕으로 '수요일마다 퇴근하여 귀가하면 마라톤 연습을 60분간 하겠다.' 또는 '알람을 끄고 나서 바로 프랑스어 공부를 45분간 하겠다.'라는 계획을 세우면 된다. 예방 접종 계획을 통해 알아보았듯 이러한 계획은 써놓고 약속처럼 적극적으로 실행할 때 더욱 효과적이다.

대안이 되는 다른 방법은 바로 장애가 되는 유혹의 요소들을 막는 것이다. 골위처의 아내인 가브리엘 외팅겐 교수는 이를 주제로 연구를 했다. 외팅겐 교수의 연구는 '사람들은 너무 긍정적인 꿈을 꾸고 또 너무 부정적인 실패에 집착하느라 많은 시간을 소모한다.'는 전제에서 출발한다. 정말로 해야 할 일은 두 가지 모두를 조금씩만 하는 것이다. 그녀는 이것을 '정신적 대비'라고 말한다. 목표 달성 후 달콤한 결과를 맛보려면 현실적인 장애 요인들을 반드시 고려하고 방해하는 현실과 대면해야 한다는 것이다. 예를 들어 여름휴가를 가서 멋진 몸매를 뽐내는 모습을 상상하며 다이어트에 자신감을 얻으려 하겠지만, 동시에 매 식사마다 또 운동을 하러 나갈 때마다 달콤한 디저트의 유혹을 뿌리쳐야 하고 칼로리를 소모할 수 있을 만큼의 운동을 해야 한다는 것을 기억해야 한다.

'정신적 대비(여름휴가 vs 디저트)'를 통해 실행 의도를 파악하고 '만약에 계획'을 세우면 마주할 장애물을 더 쉽게 피하거나 막을 수 있다. '식당에서 디저트 메뉴를 드릴까요?'라는 질문을 받으면 '에스프레소 한 잔만 주세요.'라고 주문하겠다고 약속한다. 또는 퇴근 직전에 이메일을 받았을 때 '답신 내용을 쓰겠지만 다시 한번 검토하고 보내기 위해 임시 저장함에 넣어둬야지.'라고 다짐하는 것이다. 정신적 대비와 실행 의도가 이렇게 합해지면 더욱 강력한 계획이 세워진다. 꿈을 가로막는 장애물과 긍정의 덫에서 벗어나 더 명확한 실행 계획을 세우게 된다. 행동통찰팀에서도 이 기술을 이용해 복잡한 사회적 장애 요인들을 고려하고 고민하여 방어할 기제들을 항상 마련해둔다.

이런 기술들을 이용하든 하지 않든 기본 전제는 똑같다는 것을 기억하자. 목표를 이루고 싶다면 간단한 계획을 세워 쉽게 실행할 수 있도록 한다. 그리고 최선의 방법은 일상 속에서 연결고리를 만들고 할 수 있는 일을 하는 것이다. 그러면 무엇인가를 하려는 마음(운동하러 나가기, 건강한 음식 먹기)에서 시작해 언제, 어디서, 어떻게 할지(퇴근 후 귀가하자마자, 근무 중 점심시간에)를 정하는 것이 한결 쉽다. 그리고 실행이 반복되면서 계획이 습관이 되어가는 과정을 만들어갈 수 있을 것이다.

| 규칙 3 | 계획을 습관으로 만들어라

1971년 미군은 베트남 전쟁에서 돌아온 1,000명에 이르는 군인들을 인터뷰하고 소변 검사를 시행하는 특별한 연구를 계획했다. 그리고 이 실험은 아주 불편한 진실을 드러냈다. 943명 중 495명에게 아편 양성 반응이 나타났고 4분의 3이 베트남 전쟁 중 마약중독 상태였음이 밝혀진 것이다. 당연하게도 아편은 중독성 때문에 끊기 아주 어려웠다. 중독의 치료법으로는 약물 치료가 권장되었는데 약물 복용 습관은 제어하기 힘들기 때문에 실로 힘든 방법이었다.

또한 약물 복용을 하지 않았을 경우의 부작용 또한 큰 문제였다. 그렇기 때문에 베트남에서 돌아온 지 8~12개월 후 다시 연락을 취했을 때 양성 반응이 나타난 이들 가운데 겨우 7퍼센트에 해당하는 사람들이 약물에 의존하고 있었고 3분의 1만이 아편을 다시 접했다는 것은 실로 놀라운 일이었다. 사회적 통념과는 반대의 결과가 나타났기 때문이다. 즉 마약에 의존했던 적이 있는 많은 수의 사람들이 어떤 계기를 통해 일제히 끊어버리는 것이 가능했다는 이야기다.

그렇다면 왜 같은 시기의 다른 중독자들보다 이들의 재발률이 낮았을까? 흥미롭게도 그 계기는 아주 간단했다. 베트남에서 머무는 동안 군인들은 마약을 쉽게 사용할 수 있는 풍부한 '환경단서'를 경험했다. 하지만 미국으로 돌아오고 난 후 그 환경단서는 사라져버렸기에 같은 행위가 연이어 일어나지 않았다. 다시 말해 돌아온 군인들은 베트남에서 마약에 손을 댔던 상황과 같은 상황을 절대 겪지 않았다. 이것은 의지나 약물 치료보다 더 강력한 요인이었다. 이 해명은 약물 중독에서 벗어나고픈 누구라도 도와줄 중요한 단서가 되어줄 수 있을 것이다. 그리고 이 현상을 조사한 연구원들은 특정 환경의 변화를 경험하면 장기간의 약물 중독 확률이 현저히 낮으며, 과거의 약물 복용과 유사한 상황적 요인에 노출될 경우 재발률이 특히 높아진다는 사실을 알아냈다.

이것이 바로 약물 치료 프로그램이 종종 새로운 환경이나 장소로의 이동을 권유하거나 과거 중독을 일으킨 곳을 피하라고 종용

아주 작은 생각의 힘

하는 이유다. 이 책의 '나눔'에 대해 말하는 장에서, 강한 사회적 성분 역시 같은 효과를 만들어낸다는 것을 보여줄 것이다.

이제 '환경 혹은 상황'이라는 단서가 간단한 계획을 만드는 데에도 얼마나 도움이 되는지를 알아볼 차례이다. 사람들의 일상과 행동과 인지적으로 연결된 '실행 의도'를 만듦으로써 말이다. 베트남 군인들의 이야기 속에는 목표 달성을 도와줄 새로운 도구가 숨어 있다. 바로 오랜 습관을 부수고 새로운 것을 만들기 시작하는 방법이다. 베트남에서 돌아온 군인들보다 훨씬 일상적인 사례를 통해 이를 더 쉽게 이해할 수 있다. 그러기 위해서는 미국의 영화관으로 그중에서도 특히 팝콘을 먹는 관람자들 속으로 들어가 봐야 한다.

미국 사람들의 팝콘 소비량은 엄청나서 160억 리터, 엠파이어 스테이트 빌딩을 18번이나 가득 채울 만큼의 양을 먹는다고 한다. 많은 사람들에게 영화관에서의 팝콘 섭취는 일종의 습관이다. 습관처럼 장기간 지속되어 포기하기 힘든 것이다.

영화관에서 팝콘을 먹는 습관이 얼마나 강력한지를 알아보기 위해 연구자들은 흥미로운 실험을 했다. 영화관에 들어가는 사람들에게 금방 만든 바삭한 팝콘과 눅눅한 팝콘을 한 통씩 건네주었다. 아무도 눅눅한 팝콘을 좋아하지 않겠지만 연구자들은 추측할 수 있었다. 팝콘을 먹는 습관이 있는 사람들은 맛에 그다지 영향을 받지 않을 것임을 말이다.

이 실험의 주요 결과는 연구자들의 예측과 정확히 일치했다. 영화관에서 팝콘을 먹는 일이 드물었던 사람들은 아주 적은 양의 눅눅한 팝콘을 먹었다. 하지만 늘 습관처럼 팝콘을 먹던 사람들은 평소에 바삭한 팝콘을 먹듯 거의 같은 양의 눅눅한 팝콘을 먹었다. 눅눅한 팝콘이 정말로 맛이 없었다는 것을 확인하기 위해 먹은 팝콘의 맛을 평가해달라는 요구를 했더니 당연히 바삭한 팝콘이 맛있었다는 결과가 나왔다.

영화관에 가는 행위 자체가 팝콘을 먹는 습관을 만들었고 그 습관은 팝콘의 맛이 섭취량에 큰 영향을 주지 않았다. 그런데 팝콘을 먹도록 한 것이 영화관이 아니라 팝콘 그 자체일 수도 있었다. 그저 팝콘을 먹는 습관이 있을 뿐, 영화관에서만 유독 팝콘을 먹는 것이 아닐 수도 있었다.

이를 밝히기 위해 연구자들은 꽤 주목할 만한 몇 가지 병행 실험을 했다. 일단 영화 관람 경험의 맥락을 바꾸었다. 영화관이 아닌 회의실에 들어가는 사람들에게 팝콘을 주었다. 그리고 영화가 아닌 뮤직비디오를 관람하도록 했다. 그러자 심지어 팝콘을 많이 먹는 습관을 가진 사람들마저도 눅눅한 팝콘을 더 적게 먹었다. 이 연구를 이끈 데이비드 닐은 '특정한 음식을 특정한 환경에서 반복적으로 섭취할 경우 뇌는 그 환경단서가 존재하는 한 음식과

아주 작은 생각의 힘

환경을 연결해 연상하도록 한다.'는 결론을 내렸다.

영화관에서 습관적으로 팝콘을 먹었던 사람들과 약물 중독이 되었던 베트남 참전 군인들은 마치 세상과 동떨어진 기분을 느꼈을 것이다. 하지만 그들은 습관이 조작 가능한 것이라는 중요한 단서를 남겨주었다. 그리고 어떻게 하면 나쁜 습관을 깰 수 있는지를 알려주었다. 두 가지 요소를 잘 이해한다면 새롭고 긍정적인 습관을 만들어 목표 달성을 도울 수 있으며, 장애가 되는 나쁜 습관을 없앨 수도 있다.

물론 습관에 대해서는 논쟁의 여지가 남아 있다. 하지만 세 가지 요소에 대해서는 의견 일치가 어느 정도 이루어지고 있다. 첫 번째는 습관이란 단서나 트리거(영화관에 가는)를 필요로 한다는 것이다. 두 번째는 '규칙성', 즉 행위의 연속(팝콘을 사고 먹는)이 필요하다는 것이다. 그리고 가장 중요한 세 번째는 규칙성이 일관된 상황 속에서 반복적으로 나타나야 한다는 것이다. 반복성은 상황과 행위의 자동 연결고리를 만들기 시작한다. 그리고 이것이 바로 습관 속에 강력한 잠재력이 있음을 설명해준다.

습관적 행동이 반복되면 주의력이나 정신력이 많이 필요하지 않게 된다. 시간이 지남에 따라 환경단서에 자동반응을 하고 의식의 제어나 정신적 노력, 그리고 심사숙고 없이 규칙적으로 따라하게 된다. 새로 옮긴 직장의 위치를 깜박하고 습관적으로 늘 가던 곳으로 향하고 있는 스스로를 발견하게 되는 경우도 이 때문이다.

습관을 만드는 반복적인 행동에 마법의 수는 존재하지 않는다. 어떤 사람들은 50회, 또는 21일 정도는 반복해야 한다고 말하지만 이 질문에 대해 체계적으로 또 정확히 연구한 이들은 극히 드물고 연구 결과마저도 명확한 결론을 내리지 못했다.

실제 환경에서 건강한 습관을 추적 조사한 몇 가지 연구 중 하나를 소개해본다. 연구자들은 96명의 새내기 대학생들을 대상으로 반복적인 습관(이를테면 '아침식사 후 가벼운 산책')을 계속해서 행하도록 권유했다. 어떤 학생들은 18일 후 습관이 만들어졌지만 어떤 학생들은 훨씬 많은 시간인 254일이 걸렸고, 평균적으로는 66일이라는 수치가 나타났다.

당시 대부분의 연구 대상자들에게는 같은 패턴이 나타났다. 처음의 반복적 행동은 자동성을 증가시켰지만 각각의 새로운 반복적 행동에서 자동성은 감소했다. 습관 강도는 꾸준히 올라갔으나 일관성 있는 패턴에 반응하는 행위는 정체기를 맞이한 것이다.

자, 이제 습관에 대한 새로운 사실들을 어떻게 이용하면 목표 달성에 도움이 될지 생각해보자. 정리하자면 세 가지의 기술을 이용할 수 있다. 첫 번째는 앞서 알아보았던 '실행 의도'를 만드는 것이다. 일상 속에서 적용할(알람 울리기, 집을 나서기, 회사에 도착하기) 잠재적 신호를 알아채는 데 집중하고 신호를 새로운 일상의 트리거로 이용하는 것이다. 계획을 습관화하기 위해 하고자 하는 것을 포함시킨 새로운 일상을 반복하는 것이다.

치실 사용을 더 잘하고 싶은가? 그렇다면 잠자리에 들기 전 양치가 끝났을 때마다 계속해서 해보자. 반복이 가장 중요한 성공의 열쇠이다. 하고 싶을 때나 생각이 날 때에만 치실을 사용하면 만족할 만한 결과가 나타나지 않는다. 책을 쓸 시간이 필요한가? 그렇다면 출근 전 알람을 끄자마자 45분 동안 글쓰기를 해보자. 처음에는 힘겹겠지만 일정 시간이 지나고 나면 신호(알람 소리)가 자동적으로 트리거가 되어 실행(글쓰기)이 자연스럽게 이루어지도록 해줄 것이다.

두 번째 기술은 나쁜 습관을 유지하게 하는 신호들을 의도적으로 방해하는 것이다. 베트남 전쟁에서 돌아온 군인들을 통해 이 기술을 유추할 수 있었다. 약물에 손을 대고자 하는 신호가 환경이 바뀜으로 인해 짧은 시간 안에 방해를 받은 것이다. 팝콘 실험도 마찬가지다. 영화관에서 영화를 관람하는 것이 아닌 회의실에서 뮤직비디오를 보는 변화만으로도 습관은 방해를 받았다.

신호를 방해하는 가장 좋은 방법은 매일 환경을 바꾸고자 하는 생각에서 시작된다. 예를 들면 몸무게 감량을 하고자 할 때 냉장고나 선반 위에 보관된 건강하지 않은 식품들을 전부 없애고 좋은 식습관을 만들어줄 음식들로 다시 채워보는 것이다. 처음부터 너무 강경한 방법이라고 생각된다면 손이 닿지 않는 곳으로 옮겨두는 것부터 시작해도 된다. 이런 행동이 신호에 대한 자동반응을 얼마나 강력하게 방해하는지를 알게 되면 매우 놀라울 것이다. 이는 앞장에서 살펴본 규칙 1과도 큰 관련이 있다. 저녁 시간에 업무 이메일을 무시하는 것이 힘들다면 이메일 수신 알람이 오후 7시 이후에는 울리지 않도록 설정하라. 아주 효과적인 하나의 '신호 방해'가 자연스럽게 삶의 질을 바꿀 수 있다.

한 연구 결과에 따르면 출근 교통수단을 바꿀 최고의 타이밍은 이직 직후나 회사가 이전을 했을 때라고 한다. 비슷한 맥락에서 대학 입학이나 결혼, 출산을 계기로 변화를 꾀하는 것도 좋은 방법이다.

세 번째 기술은 신호는 유지하되 일상을 바꾸는 것이다. 이 기술에는 다양한 방법이 있다. 하나는 습관화된 행동을 더 의식하게 만드는 무엇인가를 하는 것이다. 즉 어떤 것에 대한 경향을 줄여야 한다. 팝콘 실험의 또 다른 예를 들어보면 연구자들은 실험을 살짝 바꾸어 영화관에 들어가는 사람들에게 주로 쓰는 손이 아닌 손으로(오른손잡이면 왼손으로) 팝콘을 먹도록 했다. 결과는 놀라웠다. 팝콘 섭취 습관이 있는 사람들조차 눅눅한 팝콘을 훨씬 적게 먹었다.

또 하나는 오래된 규칙을 새로운 것으로 대체하는 것이다. 이를테면 흡연자들이 담배의 치명적인 악영향을 줄이기 위해 전자담배를 이용하는 것과 같다. 일련의 사례들 속에는 행동을 일으키는 신호는 남아 있다. 다만 그 신호에 대한 반응 방법을 바꾸는 것이다. 당연하게도 이 방법은 특히 거부하기 어렵고 까다로운 신호(스트레스를 많이 받는 상황에서의 흡연 등)에 효과적이다.

'반복적으로 또 지속적으로 해왔던' 행동들의 상황 속에서, 신호 또는 트리거에 자동적으로 반응한 행위가 바로 '습관'이다. 습관은 자동적인 행동이라 여러모로 바꾸기 힘들다. 그러므로 더욱 인지노력을 줄이는 것이 반드시 필요하다.

지금까지 계획을 세우는 것에 대해 알아보았다. 계획을 세운다는 것은 문서화나 해야 할 일들로 리스트를 가득 채우는 것이 아니다. 대신 작은 변화를 몇 가지 시도하고 각 변화가 단계와 과정을 완성하기 쉽게 해주는 것이다. 가장 중요한 교훈 중 하나는(아마도 이 책에서 강조하는 가장 중요한 규칙 중 하나는) 바로 '간단하게' 하라는 것이다.

'명확화 기법'을 통해 분명한 계획을 세우고 한계를 벗어나는 것들은 과감하게 피하도록 하자. 필요한 행동 규칙을 잘 따르기 위해 실행 의도를 이용하는 것은 '어떻게, 언제, 그리고 어디서'라는 일련의 계획이 특정한 순간과 연결되어 무엇을 할지 또는 피할지('퇴근 후 집에 오자마자 5킬로미터를 뛰는 운동을 하겠다.' 등의)를 정할 수 있도록 해준다.

마지막으로 반복을 통해 같은 환경단서에 대한 반응을 만들어 습관화하는 새로운 방법을 알려주었다. 습관을 만든다는 것은 궁극적으로는 인지노력을 최소화함으로써 해야 할 일들을 더 쉽고 간단하게 하는 것이다. 처음에는 노동처럼 느껴져도, 이내 즐기는 활동으로 바뀌는 마법을 경험하게 될 것이다. 이런 방법들을 통해 계획을 세워보자. 이제, 당신이 직접 해볼 차례다.

아주 작은 생각의 힘

3장

성패를 가르는
'약속의 조건'

목표 달성에 대한 서약서를 쓰고, 계획을 공표하고, 나만의 것으로
남겨두지 않고자 하는 작은 시도들이 궁극적으로 좋은 성과를 만들어낸다.
나아가 적절한 약속 심판 도우미를 지정하면 더 탄탄한 과정과 결과를 만들 수 있다.

행동통찰팀의 초창기 시절, 로리는 런던 교외에서 출발해 직장까지 장시간의 통근 거리를 버티고 퇴근 후 종종 음주를 하는 일상이 예전처럼 운동할 여유를 주지 못한다는 것을 깨달았다. 축구와 럭비를 즐기던 학창 시절은 이제 가버렸다. 그리고 이내 볼록해진 '맥주 배'를 바라보며 심각성을 깨달았다. 여느 사람들처럼 운동을 결심하고 헬스장에 등록했다. 한 달 등록 비용이 꽤 비쌌지만 그 또한 운동을 하게 하는 계기가 될 것이라 생각했다. 많은 비용을 지불하면 아까워서라도 자주 가게 될 것이라 믿었고, 비용만큼 운동하기 위해 더 열심히 하리라 생각했다. 적어도, 로리의 생각으로는 그랬다.

몇 달이 지난 후, 로리는 헬스장 등록을 더 이상 하지 않기로 결정했다. 헬스장에 거의 가지 않았기 때문이다. 로리는 우선 문제가 무엇인지를 알아내어 고쳐보기로 했고 이내 문제가 동기 부족이나 헬스장의 시설이 아니라 위치에 있다고 판단했다.

그래서 그는 회사 지하의 헬스장에 등록하기로 했다. 첫 번째 선택했던 헬스장만큼 깔끔하지도 멋지지도 않은 곳이었지만, 회사와는 아주 가까웠다. 출근 전에 일찍 도착해 운동을 한 뒤 상쾌한 기분으로 출근할 수 있었고, 심지어 점심시간에 잠시 운동하러 내려갈 수도 있었다. 정말 현명하고, 완벽한 계획처럼 느껴졌다. 그리고 실제로 그러했다. 적어도 첫 번째 주에는 출근 전에도, 점심시간에도 헬스장에 갔었다. 하지만 두 번째 주에 들어서자, 헬스장에 가는 횟수가 줄어들었다. 그리고 그 후로는 처음 등록했던 헬스장보다 더 안 가게 되었다.

아이러니하게도 너무 가까운 데 위치한 것이 도움되기는커녕 오히려 방해요소가 되었다. 늘 마음만 먹으면 금방 갈 수 있다는 생각에 '내일 가지 뭐.', '조금만 더 있다가 가지 뭐.' 하며 미룬 것이다. 문제는 그 '나중'과 '내일'에도 가지 않았다는 사실이다. 그리고 자꾸 할 일이 늘어났다. 보고서도 작성해야 했고, 발표 준비도 해야 했고 동료들이 퇴근 후 한잔하자고 할 때마다 거절하지 못했다. 로리의 아내인 일레인도 외식을 하자고 해서 회사 건물을

　　　　　　　　　　　　　　　　아주 작은 생각의 힘

벗어나는 일이 자꾸 생겨났다. 모든 것들이 회사 바로 아래에 위치한 헬스장에서의 운동보다 중요하게 느껴졌다. 특히 그는 항상 '내일 가도 되기 때문에' 가지 않았다. 결국 로리는 '헬스장에 가지 않기 위해 등록을 한 것'처럼 되어버렸다.

그러다 다행히도 그는 그를 구해줄 한 가지 기술을 알게 되었다. 바로 헬스장에 가기로 스스로 약속하는 '약속 장치'를 두게 된 것이다. 로리는 가장 최근에 세웠던 단계로 돌아가기로 했다. 적어도 일주일에 두 번은 가기로 한 것이었다. 작년에 가지 못했던 수많은 날들에 비해 더 나으면서도 현실적으로 느껴졌다. 그는 행동통찰팀이 사용하는 화이트보드(그 당시 사무실의 한가운데 벽에 붙어 있던)를 '약속의 보드'로 만들기로 했다. 그리고 제일 먼저 자신과의 약속을 화이트보드에 썼다. '나는 세 달 동안 일주일에 두 번 헬스장에 가겠다.'라고 말이다. 스스로와의 약속을 공공의 장소에 썼기 때문에 행동 기술의 대상이 된 로리는 목표를 향해 나아가기 시작했다. 약속이 만들어지고 공표되면 강한 의무감이 생긴다는 것을 그는 알고 있었다.

또한 그는 장치를 하나 더 추가했다. 바로 약속에 대한 심판을 만든 것이다. 성공적으로 헬스장에 가서 운동을 했는지를 판단하고, 실패했을 경우에 페널티를 주는 '도우미'가 필요하다고 여긴 것이다. 심판으로는 오웨인이 나서주었다. 로리의 페널티는 바로 아스널 축구팀의 유니폼(오웨인이 가장 사랑하고 응원하는)을 하루 종일 입고 있는 것이었다. 티셔츠의 앞뒤에는 오웨인이 가장 좋아하는 선수의 이름과 번호가 크게 쓰여 있었다.

사실 처음에는 일주일에 두 번이라는 약속도 너무 지키기 힘들었다. 하지만 축구팀 유니폼을 입고 있는 게 더 견디기 힘들었다. 몇 주 후 로리는 점점 규칙적으로 헬스장에 가고 있는 스스로를 발견했고 오웨인은 더 이상 아스널 티셔츠를 입은 로리를 보며 웃을 수 없었다. 이후 약속 장치를 개인과 직장 생활 속에서 이용해왔기 때문에 저축이나 행동통찰팀의 지사 설립, 가족과 보내는 시간 늘리기 등을 더 헤낼 수 있었다.

어쩌면 약속을 한다는 것은 비교적 간단하고 쉬운 일이다. 그리고 약속을 강화시키는 데 도움이 될 작은 요소들은 아주 많다. 즉 더 쉽게 따라할 수 있는 약속을 만들어줄 작은 규칙들이 있다. 그중 세 가지의 황금 규칙을 소개하고자 한다.

• 나 자신과의 약속을 만들어라.

첫 번째 단계는 스스로에게 다짐을 하고 그것이 목표와 목표를 이루기 위해 설정한 작은 단계들과 분명하게 연결되는지를 확인하는 것이다.

- 서약서를 쓰고 공공연하게 말하라.

글로 쓰고 어떤 방식으로든 공표하는 것은 약속을 충실하게 이행하는 데 큰 도움이 된다.

- 약속을 심판할 도우미를 구하라.

심판은 중심 목표를 이행하는 데 결정적인 역할을 해준다. 이상적인 심판은 신뢰하는 가까운 사람이되 실패했을 경우, 페널티를 주는 것에 망설임이나 두려움이 없는 사람이다.

|규칙 1| 나 자신과의 약속을 만들어라

수요일 저녁. 오늘따라 힘든 업무 시간을 보냈고 귀가 후 열어본 냉장고 속에는 먹을거리도 마땅치 않다. 회사에서의 긴장을 풀고 배달 음식을 주문한 뒤 영화를 보기로 했다. 피자를 시킨 후 텔레비전을 켜고, 선택의 기로에 섰다.

한 채널에서는 분명 재미있을 테지만 그다지 깊이 있는 내용은 아닌 영화가 시작되었다. 그 영화를 「피치 퍼펙트」나 「배트맨 대 슈퍼맨」 정도로 가정하자. 영화가 끝날 때까지 복잡한 구성이 별로 없는 내용이 전개될 것이다. 다른 채널에서는 완전히 다른 종류의 영화가 시작되었다. 훨씬 깊이 있고 심오한 「노예 12년」이나 「링컨」 정도로 가정해보자. 두 영화 모두 오락성은 낮지만 흥미롭고 생각할 거리가 있는 영화이며 앞 채널의 영화보다는 훨씬 얻는 것이 있을 것이다. 힘든 일을 끝내고 귀가해서 쉬고 싶은 이 시간, 당신은 어떤 선택을 할 것인가?

행동과학 교수인 다니엘 리드와 조지 로벤스타인, 또는 그들의 공동연구자인 쇼바나 칼리아나라만과 비슷한 유형의 사람이라면, 고민하지 않고 지적이고 깊이 있지만 어려운 영화를 택할 것이다. 지적이고 깊이 있는 영화는 사람들이 항상 보려고 하거나 한번쯤은 본 적이 있는(보고 난 뒤 후회하지 않는 경우가 대부분인) 영화이고, 오락 영화는 순간의 재미는 있으나 보고난 후에 남는 게 별로 없는 경우가 많다.

처음 지적이고 깊이 있는 '교양 영화'의 영향과 현상에 대해 조사한 연구자들에 의하면, 많은 주변 사람들이 「쉰들러 리스트」를 보려고 했지만 막상 보기까지는 꽤 많은 시간이 걸렸으며, 보려고는 했으나 안 본 경우도 많았다. 다른 저명한 행동과학자들처럼 리드, 로벤스테인, 칼리아나라만은 이에 대한 통찰을 멈추지 않았고 일상에도 적용해가며 지속적으로 연구했다. 특히 사람들이 각각의 선택지를 마주했을 때 어떤 현상이 일어나는지를 실험했다.

먼저 학생들을 대상으로 그룹을 만든 후, 임의로 두 개의 다른 그룹으로 나누었다. 그리고 모두에게 3일간 저녁마다 영화를 선택하도록 했는데, 그중 두 그룹에 중요한 '전환' 장치를 적용했다.

아주 작은 생각의 힘

첫 번째 그룹은 그날마다 볼 영화를 선택하도록 했다. 이 그룹의 학생들은 같은 상황에서 같은 업무를 마친 후 돌아와 어떤 영화를 볼 것인지를 날마다 즉흥적으로 선택하도록 했다. 두 번째 그룹은 영화를 첫날 미리 선택해놓도록 했다. 그리하여 첫날은 모두가 같은 조건(첫날 저녁 돌아와서 바로 선택한 영화를 보는)이었지만, 두 번째와 세 번째 날은 다른 조건이 적용되었다.

다음 날, 두 번째 그룹은 미리 선택했던 영화를 보고 첫 번째 그룹은 다시 즉흥적으로 선택한 영화를 보았다. 이것은 미리 미래의 선택을 하는 것이 순간적으로 선택(「배트맨 대 슈퍼맨」)하고자 했던 것(「쉰들러 리스트」)에 얼마만큼 더 반영되느냐에 대한 연구였다.

결과는 이러했다. 첫 번째 그룹, 즉 당일에 선택했던 그룹에 속한 대부분의 학생들은 매일 오락 영화를 보았다. 하지만 두 번째 그룹 중 오락 영화를 선택한 학생들은 첫날에만 있었다. 조금 더 보고 싶은 영화에 대해 생각한 뒤 결정한 나머지 이틀의 영화는 대부분 교양 영화였다.

이 간단한 실험은 경솔한 시도처럼 느껴질 수도 있다. 하지만 미래를 결정하는 심오한 영향력에 대해 알려준다. 사람들은 즉각적인 '악(오락 영화, 햄버거와 감자튀김, 업무 중 인터넷 서핑)'을 즉각적인 '선(교양 영화, 잘 구운 닭고기와 샐러드, 기한 내 리포트 제출)'보다 더 자주 택한다. 왜냐하면 '악행'이 순간적으로는 훨씬 즐겁기 때문이다.

행동과학자들은 이것을 '현재편향(Present Bias)'이라고 한다. 내일 더 많이 얻을 수 있음에도 불구하고 오늘의 보상을 선호하며, 노력이 필요한 선택이나 행동을 알면서도 미루는 것이다. 오늘은 달콤한 케이크를 먹으며 쉬고, 내일 건강한 잡곡밥을 먹고 운동을 하려 한다. 은퇴 후를 위한 저축보다 당장 오늘 주머니 속에 있는 돈을 쓰고 싶어 하는 것도 마찬가지다. 지구온난화의 영향에 대해 알고 있으면서도 먼 미래라고 여기며 당장 해야 할 일들을 미룬다. 마치 아이스크림과 맥주를 먹고 싶어 하는 '현재의 나'만 있는 것처럼, 디저트는 먹지 않고 대신 물을 더 마시는 '미래의 나'는 더 나은 다른 사람인 것처럼 행동하는 것과 같다.

당연하게도 미래의 나 역시 현재의 나와 다를 바가 없다. 이것이 바로 리드와 로벤스타인, 칼리아나라만의 연구의 가장 핵심이다. 그들은 미래의 나를 고려하며 현재의 나를 만듦으로써, 사전선택이라는 범주 안에서 일시적 장애를 극복할 수 있다는 것을 보여주었다. 그리고 약속 장치와 연결되면 현재의 내가 만든 서약은 더 나은 미래의 나를 포함한 것이고 내가 만든 미래의 결정 또한 현재가 된다.

그러므로 로리의 '규칙적으로 헬스장 가기'처럼 어려운 일을 하고자 할 때나 '외국어 수업을 듣는 것'이 힘들다는 것을 알고 있을 때(맥주 한잔을 기울이고 싶은 미래의 내가 더 많다는 것을 알고 있기 때문에), 자신을 약속 장치로 붙잡아보자.

약속을 강화하는 방법에 대해서는 4장에서 더 알아보기로 한다. 지금은 헬스장에 가거나 외국어 수업을 듣는 것과 같은 약속을 만드는 것이 얼마나 중요하고, 목표를 위한 첫 번째 단계로 충분하다는 것만 알아두어도 좋다. 이렇게 시작하면 궁극적인 목표(네 시간 안에 마라톤 완주하기)를 세우거나, 목표를 향해 갈 때 가장 까다로운 단계(일주일 중 3일은 달리기)와 연결할 수 있다.

그리고 약속은 보상과 페널티로 확장되어야 한다. 이것이 약속을 만드는 가장 좋은 방법이자 실패에 대한 확실한 대응법이다. 또한 자신이 만든 약속을 강한 의지와 욕구를 지닌 상태에서 깼을 때 매우 불쾌하게 느끼게 한다. 즉, 예상 가능한 불편함은 목표를 향해 더 매진하도록 해주는 요소가 되어준다.

약속 장치가 가장 잘 적용되는 사례는 저축과 고용이다. 연구 사례를 하나 소개해본다. 700명을 대상으로 일반 저축 계좌를 개설할 것인지, 규칙적인 적금 계좌를 개설할 것인지에 대한 선택지를 준 연구가 있었다. 계좌를 개설한 뒤에는 목표로 삼은 금액에 도달할 때까지 해지하지 않도록 했다. 피실험자들은 큰 액수가 필요한 목표(크리스마스 휴가 또는 학자금)를 정할 수도 있고, 목표

금액만을 설정할 수도 있었다. 어떤 목표를 설정하든 자유로웠지만 목표가 설정된 후에는 약속 장치가 적용되었다.

12개월이 지난 후, 자유 입금 계좌를 만든 사람과 지정 적금 계좌를 만든 사람들 간에는 큰 차이가 있었다. 지정 적금 계좌를 만든 사람들(매달 약속 장치를 직접 설정한 사람들)의 저축 비율이 더 높았다. 이 연구가 훌륭하다고 평가받는 이유 중 하나는 아무도 계좌 개설을 강요받지 않았다는 것이다. 스스로의 선택으로 계좌를 개설하고 저축 유형을 정했다는 것은 아주 중요하다. 미래의 선택을 연결하여 더 나은 효과를 볼 수 있었던 사람들의 비율이 꽤 높았던 것도 이와 상관관계가 있다.

늘 방을 어지럽히고 정리 습관이 없는 아이에 대해 불만이 많은 부모는 아이에게 그저 방을 깨끗하게 하는 것이 어떠냐고 묻기보다 언제까지 정리하라고 약속하는 것이 좋다. 많은 직장인들이 동료들과 함께 업무를 처리하면서 분업하고 결과를 예상하며 균형을 유지하려 한다. 또한 동료에게 다음 미팅 시 어떤 발표를 할 것인지를 미리 물어 스스로의 업무를 정하기도 한다. 온라인을 통해 장을 보는 사람들이 늘어나고 있는 것도 같은 맥락이다. 오프라인에서는 충동적인 과소비를 하는 경우가 자주 있기에 필요한 물건만 사고자 하는 약속을 더 잘 지킬 수 있는 온라인을 선호하는 것이다.

아주 작은 생각의 힘

모든 분야에서 다가올 '미래의 자신'이 유혹을 받을 수도 있다는 것은 직감적으로 알 수 있다. 그리고 알면서도 순간의 선택에 휘둘린다. 이런 상황들을 막을 수 있는 방법이 미래의 행동에 대한 약속 장치를 설정하는 것이다. 그러니 이제 목표를 설정하고 단계를 밟아가기 시작했다면, 밟아갈 단계들마다 약속 장치를 마련해보도록 하자.

| 규칙 2 | 서약서를 쓰고 공공연하게 말하라

사회심리학에서 가장 유명한 실험 중 하나는 바로 '동조'와 관련된 것이다. 사회적 압력에 대한 반응을 보여주는 이 고전적인 실험은 1950년대에 솔로몬 애쉬가 실시했다. 실험에서는 사람들에게 두 장의 카드를 보여주었다. 한 장에는 한 개의 선이, 다른 한 장에는 세 개의 선이 그려져 있었다. 문제는 세 개의 선 중 어느 것이 다른 한 장의 선과 같냐는 것이다. 아주 간단해 보이는 이 문제에 오답을 말할 비율은 1퍼센트도 되지 않았다.

당신도 다음 카드를 보고 문제에 대한 답을 말해보자. 어떤 선이 같은 선인가?

하지만 이 심리학 실험의 목적은 같은 선분을 찾는 것이 아니다. 답을 말했을 때 누군가가 그 답을 부정하는 비판을 하면 어떤 일이 벌어지느냐에 대한 것이다. 애쉬의 실험은 한 공간에서 이루

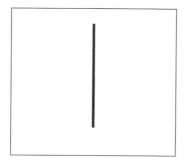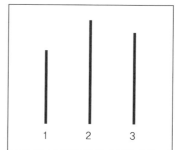

어졌다. 피실험자는 연기자들과 함께 방에서 이 문제를 접하고 연기자들은 고의적으로 일관되게 틀린 답을 말했다. 실험은 피실험자가 지속적인 오답으로 가득 찬 공간에서 분명하게 틀린 답을 말하느냐 마느냐에 대한 것이었다.

이러한 실험에 대해 처음 들어본다면, 37퍼센트의 피실험자가 다수의 오답에 이끌려 결국 오답을 말했다는 결과에 놀랄 것이다. 1950년대는 대참사의 여파가 남아 있고 냉전으로 향해가는 시점이었다는 시대적 배경 또한 참고해야 할 핵심 요소 중 하나이다. 집단의 압력에 순응하고 동조하는 것이 개인의 생각을 내세우는 것보다 옳다고 여겨지는 사회적인 분위기였다.

애쉬는 '사회에서 일어나는 동조의 경향은 너무나도 강력하여 지성인이나 자기주장이 강한 젊은 세대들조차도 흰색을 검은색이라 우기는 현상이 일어난다.'고 했다. 그 시기의 사회심리학자들에게는 실로 놀랍고 잠재적으로 위험한 발언이었다. 한편으로는 어떠한 강압에도 굴복하지 않으려고 하는 이들에게 상당한 영향을 끼쳤다.

솔로몬 애쉬의 선분 실험 이후, 몰튼 더치와 해롤드 제라드가 미세한 차이를 둔 실험을 했다. 각각 다른 종류의 약속이 사람들의 결심을 어떻게 강화시키느냐에 대한 것이었다. 참가자들은 애쉬의 선분 실험과 같은 방식으로 선을 보고, 머릿속에 정답을 떠올린 후 다른 사람들의 의견을 들었다.

이때 참가자 몇 명은 약간 다르게 설정되어 있었다. 정답을 그저 머릿속으로 떠올리는 것이 아니라 메모장에 미리 써두도록 했던 것이다. 이 실험의 핵심은 써두는 행위가 개인의 결정을 강하게 만들어주는지, 집단의 압력에 쉽게 휩쓸리지 않도록 해주는지에 있었다. 정답을 쓰지 않았을 때의 결과는 애쉬의 실험 결과와 유사했다. 참가자들은 집단의 다른 구성원들과 같은 생각을 하려 했다. 그런데 메모하는 간단한 행위가 오답의 확률을 엄청나게 줄여주었다. 4분의 3이나 줄어든 것이다.

60여 년 전에 실행된 이 실험이 언뜻 당신의 목표와는 상관없는 것처럼 느껴질 수도 있다. 하지만 이 실험을 통해 약속을 강화시키기 위한 일련의 행동양식을 배울 수 있다. 첫 번째 간단한 단계는 실험 참가자들이 한 행동과 같다. 약속을 직접 쓰는 것이다. 로리처럼 공공의 장소에 놓인 화이트보드에 쓰는 것도 좋고, 심판이 되어줄 지인 앞에서 종이에 써 내려가는 것도 좋다.

약속을 쓰는 것, 서약서를 작성하는 것, 그리고 약속을 이행하고 나서 옆에 사인을 해보는 것처럼 다양한 방법의 '쓰는 약속'은 놀라울 정도로 큰 효과가 있다. 사실 이 기술은 현대 사회에서 매우 빈번하게 사용된다. 사람들은 고용계약서에 서명을 하고, 결혼서약서를 쓰며, 부동산매매 계약서를 쓴다. 모두 미래의 행동을 고려하여 서명하는 것이다. 여러 기관들은 고용인들에게 한 해의 달성 목표나 계획을 써서 제출하도록 하고 팀장에게 사인을 받는다. '구매 목록'도 같은 예다. 쇼핑을 가기 전 구매 목록을 작성해두면 살 물건들을 기억할 수 있을 뿐만 아니라, 과소비와 불필요한 지출을 막아 소비 패턴을 바꿀 수 있다. 오프라인에서도 온라인 쇼핑과 비슷한 효과를 볼 수 있는 것이다. 이처럼 사전 약속은 미래의 행동으로 이어진다. 그러니 서약을 할 땐 써두도록 하자.

또 서약서를 작성하는 것은 위기 모면에도 도움이 된다. 그리고 공공연하게 알리면 더 큰 효과를 기대할 수 있다. 즉 '나만의' 서약서를 '혼자' 보관하지 말아야 한다. 공공연하게 서약하는 행위를 이해하기 위해서는 심리학 교수인 토마스 모리아티의 연구를 살펴볼 필요가 있다.

처음 그 연구에 관심을 가지게 된 계기는 로버트 치알디니의 저서 『설득의 심리학』에 등장한 사례였다. 배경은 뉴욕 존스 해변,

어느 여름날 당신이 그곳에 있다고 가정하자. 그리고 다음 시나리오에 따라 어떻게 응답할 것인지를 생각해보도록 한다. 누군가가 근처로 다가와 타월을 깔았고 휴대용 라디오를 크게 틀었다. 몇 분 후 그 사람은 당신에게 담배를 피려는데 라이터가 없다며 혹시 라이터를 빌려줄 수 있느냐고 물었다. 그러더니 어디론가 걸어가 당신의 시야에서 벗어났다. 그리고 잠시 뒤 수상해 보이는 남자가 나타났고 여전히 시끄럽게 울리는 라디오를 들고 재빠르게 달아났다. 당신은 이제 어떻게 할 것인가?

당신이 실험 결과에 나타난 대부분의 사람들과 비슷한 유형이라면, 아무것도 하지 않았을 테고 라디오를 훔치는 모습을 보고도 개입하지 않았을 것이다. '왜 그랬을까?'를 스스로에게 물어보라. 혹시 있을 위협이나 불리한 상황을 피하고 싶었거나, 그 사람이 라디오와 어떤 관계가 있을 수도 있으니 관여하고 싶지 않았을 것이다.

이제 다시 완전히 같은 상황에서 아주 조금의 변화를 주자. 라이터를 빌린 사람이 당신에게 말한다. '죄송하지만, 지금 잠시 보드를 타러 가려는데 제 짐을 좀 봐주실 수 있으세요?' 그가 이렇게 당신과 서약한 상황이라면 수상한 사람이 나타났을 때 어떻게 하겠는가? 실험 결과에 의하면 95퍼센트에 해당하는 실험자들이 상황에 개입하여 라디오를 가져가지 못하도록 했다. 20명 중 한 사람만이 절도범에 대항하기를 포기한 셈이다.

서약할 내용을 쓰는 것만큼, 누군가에게 공공연하게 말하는 것은 강한 동기부여와 일관성을 유지하는 데 도움이 된다. 행동에 대한 기대를 내면화하는 것보다 외적으로 노출하는 것이 더 효과적이며 타인의 시선이 목적 달성의 과정에 중요한 요소가 된다. 재판에서도 배심원들이 의견 개시를 가시적인 거수 형태로 진행할 때 비밀 투표 결과가 불일치 배심으로 나올 확률이 높다. 공공연하게 의견을 보이고 난 후에는 결정을 바꾸기가 힘들어서다.

잘 생각해보면 사람들은 이미 많은 약속을 공공연하게 하고 있다. 결혼식에 많은 사람들을 초대하고 그 앞에서 혼인서약을 하는 것처럼 말이다. 결혼식에 참석한 사람들의 수와 이혼 확률이 반비례하다는 연구 결과가 있다. 200명이 넘는 지인들 앞에서 성대하게 결혼식을 치르고 서약을 한 부부보다 눈이 맞아 도망가서 몰래 살림을 차린 부부의 이혼율이 12배나 더 높다고 한다. 자신들만의 결혼식을 올린 부부의 경우 충동적일 수 있다는 것이다. 물론 많은 변수가 있지만 서약을 공공연하게 하는 것이 강한 동기부여와 목표 달성에 대한 의지를 높인다는 사실은 분명하다. 그러므로 목표 달성을 위한 약속을 공표할 방법을 생각해보고, 대상을 정한 뒤 말해보자. 그리고 규칙적으로 약속 이행 과정을 알리도록 한다.

공공연하게 말하는 방법은 다양하고, 방식 또한 매우 중요하다.

아주 작은 생각의 힘

다시 로리의 경우를 예로 들어보자. 로리는 동료들에게 말하고 끝난 것이 아니었다. 그냥 말로만 뱉는 것은 오히려 역효과를 가져올 수 있고 '유지'에 도움이 되는 것도 아니다. 말하는 것 자체는 아주 작은 일부분일 뿐이며 그 후 의도에 따라 단계들을 완수하는 것이 중요하다. 그것이 바로 로리가 그저 말하는 데 그치지 않고 화이트보드에 목표 수행 과정에 대한 내용을 기록한 이유이고, 이는 좋은 약속을 보여주는 훌륭한 사례이다. 작게 생각하는 접근법을 적용하여 약속에 연결시키면 좋은 결과를 얻을 수 있다. 사소한 단계나 내용도 목표 달성에는 중요한 요소들이며, 약속 이행을 위해 이루어야 할 또 다른 '작은 약속'들이다. 뭉뚱그린 약속보다 구체적인 약속이 강하다. '작고 사소한 것'이 중요하다.

| 규칙 3 | 약속을 심판할 도우미를 구하라

「커브 유어 엔수지애즘(Curb Your Enthusiasm)」이라는 유명한 미국 드라마가 있다. 한 에피소드에서 등장인물인 래리 데이비드에게 친구가 '디저트 심판'이 되어달라고 요청을 했다. 어떤 맛있는 달콤한 디저트라도 '어떤 상황이든 절대로' 먹지 않도록 해주는 역할이었다. 그런데 친구는 그날 저녁 디저트가 놓인 식탁으로 향해 케이크 한 조각을 집어들고 말았고, 래리는 친구를 쫓아가서 케이크를 빼앗았다.

친구 : 그냥 한 입만 먹으려는 거야.

래리 : 안 돼, 안 돼, 안 돼. 정확하게 네가 부탁한 것이 바로 먹지 않게
해달라는 거였잖아.

친구 : 도와줘서 정말 고마워, 래리. 하지만 마음이 바뀌었어.

래리 : 그래, 하지만 정확히 네가 부탁했잖아, 절대로 먹지 않도록 해달
라고.

친구 : 맞아, 그런데 말이야, 마음이 바뀌었다니까. 고마워, 그런데 난
이 케이크를 먹어야겠어.

래리 : 안 돼. 바꿀 수 없어, 그래서 네가 '어떤 상황이든 절대로' 먹지 않
게 해달라고 부탁한 거잖아. 지금이 바로 그 '절대로' 먹지 않게
해주는 상황이야. 다른 사람이 아닌 나에게 부탁한 이유가 바로
나야말로 너를 어떤 상황이든 절대로 먹지 않게 해주는 사람이
기 때문이지!

그룹 : 그만하면 됐어, 래리, 먹도록 해줘.

래리 : 하지만 네가 어떤 상황이든 절대로, 라고 했어!

이 드라마를 본 사람이라면 래리의 개입이 어떤 장면을 연출할
지 알아챘을 것이다. 그의 약속 이행 방법은 실로 최근의 행동과
학 연구가 보여준, 목표 달성을 위해 필요한 수많은 중요한 요소
들을 포함한다.

첫 번째는 친구의 '인식'이다. 많은 약속 장치에서 볼 수 있듯, 친구는 미래의 자신이 유혹에 넘어갈 수 있다는 것을 잘 알고 있었다. 두 번째는 진정한 '심판'이 되어줄 도우미를 선택하는 것이다. 자신의 행동 패턴을 잘 알고, 잘 관찰할 수 있는 도우미가 필요하다.

심판 도우미가 가장 중요하다고 여긴 두 명의 행동과학자는 딘 칼란과 이안 아이레스였다. stickK.com이라는 웹사이트 설립에 큰 도움을 준 그들은 사람들이 약속을 이행하도록 해주었다. 약속 계약서를 만들어 사인하게 한 것인데 이는 이미 살펴봤듯 서약서를 작성하고, 공표하기와 같은 맥락이다. 수년 동안 칼란과 아이레스는 어떤 방식의 약속 계약서가 가장 잘 이행되었는지에 대한 데이터를 수집했고, 그중 심판 도우미를 지정한 것이 가장 효과적이었음을 알아냈다. 심판 도우미가 있는 사람의 성공률은 70퍼센트나 되었다.

하지만 칼란과 아이레스는 이것이 래리와 친구의 갈등처럼 복잡한 상황을 만든다는 사실도 발견했다. 아이레스가 행동통찰팀에 보여준 최근 연구 결과는 두 가지의 중요한 조언을 포함하고 있었다.

첫째, 심판 도우미를 신뢰해야 한다. 자신의 약점을 드러내거나 음모를 꾸밀 만한 도우미는 좋지 않다. 디저트를 먹지 않도록 도와줄 사람이 눈앞에서 티라미스 케이크를 보여주며 놀리거나, 실패할 것이라며 비웃으면 안 된다. 둘째, 도우미가 설정해놓은 페널티(또는 보상)를 충실히 이행하기 위한 준비가 되어 있다고 믿어야 한다.

많은 사람들이 가장 가까운 사람(이를테면 연인)이야말로 가장 좋은 심판 도우미라고 생각하겠지만, 사실 가장 나쁜 심판 도우미가 될 수도 있다. 순응하지 않는 행동에 대해 이해하고 공감(오늘 너는 너무 힘들었으니까, 라고 말하면서!)하기 때문이다. 그러므로 도움은커녕 방해하는 인물이 될 가능성이 있다. 심지어 '모처럼 외식할 수 있는 날, 왜 군이 운동을 하려는 거야?'라고 말하며 일련의 계약 자체를 꺼릴 수도 있다. 그래서 아이레스는 바로 '적도 아니면서 마음 약한 친구도 아닌' 도우미를 구하라는 조언을 한다.

목적에 맞는 적절한 도우미로는 신뢰할 수 있는 직장 동료가 연인보다 공모 가능성이 적을지도 모른다. 로리는 오웨인이 그의 아내보다 더 정직하게 페널티를 주고, 영화를 보러 간다거나 외식을 하는 사적인 공유 시간이 적기 때문에 적당한 도우미라고 판단했다. 지나고 나서야 발견한 한 가지 실수는 페널티(아스널 팀 유니폼 입기)로 오웨인에게 웃음거리가 되어 즐거움을 주고 말았다는 것이다. 어쨌든 로리에게는 효과적이었지만 말이다.

아주 작은 생각의 힘

약속 심판 도우미는 많은 분야에 적용될 수 있는 잠재력이 있다. 약속 장치는 개인적인 목적만이 아니라 다른 사람의 목표 달성을 돕고자 하는 도우미를 위한 것이기도 하다. 서문에서 취업상담소에 적용한 프로그램이 직업을 찾는 속도를 올려준 것도 마찬가지였다. 새로운 프로그램은 늘어나는 목표 설정을 세부적으로 나누고 각각의 단계에 약속을 집중하도록 했다.

폴은 이력서를 쓰면서 새로운 기술을 익혔고 일련의 과정을 수행하면서 모든 계획들을 세분화하여 완수했으며, 모든 과정을 멜리사와 함께했다. 멜리사는 결국 약속 심판 도우미였다. 물론 멜리사가 폴에게 필요한 단계 수행을 알려주고 돕는 것과 처음부터 심판 도우미로 지정되는 것에는 분명한 차이가 있다. 폴이 한 주에 '다섯 번의 이력서 제출'을 완수하여 사인하고 그 내용을 다음 상담 때 멜리사에게 보여주는 약속은 폴이 스스로에게 한 약속이었다. 실패했을 경우 실망하는 것은 폴이지만, 멜리사 역시 폴의 구체적인 약속을 알고 있었다. 멜리사의 역할은 폴의 실패를 찾아내고 어떤 점이 잘못되었는지를 지적하는 것이 아니었다. 달콤한 디저트를 먹으려는 누군가에게 티라미스 케이크를 보여주는 사람이 아니었다는 것이다. 그녀는 폴을 도우면서 목표 달성의 과정이 잘 진행되는지를 관찰하고 판단할 수 있었고, 그러면서 멜리사 역시 단순 행정 업무에서 나아가 발전할 수 있었다.

지금까지 살펴본 바로는 약속 심판 도우미가 모든 약속의 과정들을 관찰하고 목표 설정의 순간부터 함께하는 '사람'으로 여겨질 것이다. 하지만 여러 해를 거치면서, 특히 새로운 기술이 늘어나면서 좋은 '도구'가 생겨났다. 이제는 스마트폰이나 앱을 통해 신체적 활동, 지출, 수면, 몸무게 등을 관리해주는 프로그램을 다운받아 사용할 수 있다. 이런 새로운 장치들은 신뢰할 수 있고, 정직하며, 늘 함께할 수 있어 약속 심판의 역할이 가능하다.

　한 예로 '글로우 캡'이라는 약통은 복용 시간에 맞추어 불이 켜지면서 알람 소리가 난다. 게다가 시간에 맞추어 약통을 열고 복용을 했는지가 자동으로 기록이 된다. 뚜껑을 여는 횟수와 약의 갯수를 세는 것이다. 그리고 복용 시간이 지났는데도 약통을 열지 않았을 때에는 환자에게 전화가 온다. 이런 도구를 편리하게 활용하면서 한 주 동안의 기록을 지정한 약속 심판 도우미에게 보고하면 약속 이행은 더욱 효과적일 것이다. 도우미는 도구가 할 수 없는 종류의 판단과 용기를 북돋아주거나 페널티를 주는 부가적인 역할을 맡으면 된다.

　약속 심판 도우미의 형태는 너무나 다양한데 갖추어야 할 몇 가지 중요한 요소는 분명히 존재한다. 무엇보다 도우미 자체가 적절한 사람, 즉 공정하되 페널티와 보상을 주는 것에 동요가 없을 정직한 사람이어야 한다. 또한 약속의 종류가 모두가 이해할 수 있을 만한, 그리고 기억할 수 있는 것이어야 한다. 이 요소들은 동기부여에 큰 도움을 주고, '약속 당사자'와 '심판' 모두가 제 역할을 성공적으로 수행하도록 할 것이다.

현재의 당신은 미래의 당신과 다른 선호도를 가지고 있을 가능성이 크기 때문에 약속 장치는 더욱 유용하다. 그 차이에 대해 인지하지 못한다면 어떤 것도 약속할 수 없겠지만 다행히도 대부분의 사람들은 스스로의 약점을 잘 인지하며 미래의 행동을 제어할 준비가 되어 있다.

목표액을 달성할 때까지 적금 통장을 해지할 수 없도록 설정해보자. 현재의 자기 제어를 통해 약속 장치를 미래로 이끌어갈 수 있고, 약속을 설정하면 이행을 위한 여러 압박의 요소들 역시 다시 설정할 수 있다. 이것이 약속 장치의 역할을 강화시키고 목표 달성에 도움이 된다는 사실을 알고 있으면 활용이 더욱 쉽다.

또한 서약서를 쓰고, 계획을 공표하고, 자신만의 것으로 남겨두지 않고자 하는 작은 시도들이 궁극적으로 좋은 성과를 만들어낸다. 나아가 적절한 약속 심판 도우미를 지정하면 더 탄탄한 과정과 결과를 만들 수 있다.

4장

명확한
'보상'의 효과

THINK
SMALL

보상을 목표에 제대로 연결하라. 충분히 의미 있는 보상인지 확인하라.
구속력이 있는지 확인하라. 잃을 것인지 얻을 것인지 확실하게 정하라.

'보상' 효과는 모두가 잘 알고 있을 것이다. 어떤 경제학서는 '행동의 엄청난 변화'를 만들 금전적 요소들에 대해 기술하고 있다. 일부 심리학자들도 관련한 실험과 연구에 대해 좋게 표현한다. 팀장, 부모님, 심지어 애견인들조차 관리 대상에게 보상을 주었을 때의 긍정적인 변화를 이야기한다. 여기에는 그만한 이유가 있다. 보상은 뇌에서 특별한 작용을 일으켜 순간의 행복감에서 끝나는 것이 아니라 이후의 추가적인 보상을 찾도록 하는 효과가 있다.

보상을 잘 이용하여 동기부여를 하려면 그 보상이 명확해야 한다. 그러나 상황에 따라 변수가 생길 수 있으므로 보상이 항상 성공적으로 작용하는 것은 아니다.

예를 들어 많은 부모가 자녀를 양육하면서 보상을 이용한다. 착한 스티커나 별표 붙이기를 배변 훈련할 때 적용하거나, 과제 완수 후에 아이스크림, 텔레비전 시청 등으로 보상을 해준다. 하지만 큰 아이들에게는 조금 더 복잡하고 까다로운 방법이 필요하다. 청소년 자녀를 둔 부모는 교육적인 부분, 시험 결과 등에 따라 어떤 보상이 적절한지 많이 고민할 것이다. 때로는 보상 자체가 정말로 필요한지, 또 적절한 방법인지 고민될 것이다.

이런 고민을 하는 사람은 부모뿐만이 아니다. 많은 교육자, 교수, 정책 결정자들이 학생들의 학업 성취도를 높이고 좋은 결과를 만들기 위해 어떤 방법이 가장 적절한지를 고민한다. 브리스톨대학교 경제학 교수인 사이먼 버게스의 연구가 중요한 이유가 바로 여기에 있다. 버게스 교수 연구팀은 영국에서 많은 연구를 수행했는데 그중 학생들에게 보상을 주는 것이 노력과 참여도를 높여주는지, 더 나아가 궁극적으로 성적 향상에 도움되는지에 대한 연구가 가장 유명하다.

63개의 학교와 1만 명 정도의 학생을 대상으로 GCSE(영국의 중등교육 자격 시험) 시험 결과를 연구하기 위해 버게스 교수팀은 학교를 세 개의 그룹으로 구분했다. 첫 번째 그룹은 어떤 보상도 받지 않도록 통제되었고, 두 번째 그룹은 재정적인 보상을 해주었다. 보상은 학생들의 참여도, 행실, 교실 학습과 과제를 5주 동안 네 번의 주기로 평가하여 적용했다. 15~16세 학생들에게 매주 80 파운드의 보상은 꽤 큰 것으로, 한꺼번에 320파운드를 받을 수도 있었다.

세 번째 그룹은 다른 종류의 보상이 적용되었다. 이 그룹 학생들은 선정이 아니라 자원하는 형태로 연구에 참여했다. 학생들은 보상으로 각 주마다 티켓을 받을 수 있었는데, 티켓은 그해에 두 번 정도 사용할 수 있고, 액수로는 현금 보상보다 적었다. 티켓은 웸블리(영국 축구팀의 연고지)로의 여행권, 국회의사당이나 테마파크 입장권 등으로 사용할 수 있도록 했다.

결과를 알려주기 전에 당신이 학생들의 부모나 교사라고 한번 상상해보자. 이런 보상 제도를 진행하는 학교 프로그램을 지원할 것인가? 아니면 비슷한 보상을 가정에서 하는 것이 더 좋다고 생각하는가?

실제 결과에서 보상 프로그램은 학생들의 환경에 따라 영향력이 달라졌다. 좋은 평가를 받을 거라고 여겨지던 학생들에게 보상은 아무 의미가 없었는데, 그 이유는 추가적인 보상이 필요하지 않기 때문이었다. 그들은 스스로의 판단과 행동에 이미 동기부여를 하고 있었다.

그러나 그들을 제외한 학생들 중 50퍼센트 정도의 학생들에게 보상은 상당히 큰 영향을 주었다. 그중 현금 보상에 조금 더 큰 영향을 받았다. 특히 저소득 가정의 학생들은 크게 변화했다. 무료 급식을 지원받던 학생들과 그렇지 않았던 학생들을 비교했을 때, 보상으로 인해 수학과 과학 GCSE 시험에서 전자의 성적이 현저히 올라갔다. 그리고 그동안 성적이 좋지 않았던 학생들의 성적 향상 폭은 더욱 컸다.

이 연구는 교사, 부모 그리고 청소년들에게 특히 중요한 시험을 치를 때에 사용하면 좋을 그저 흥미로운 변화의 기제로 여겨질 수도 있다. 그런데 동기부여를 위해 보상을 이용하는 측면에서 아주 중요한 교훈을 얻을 수 있다. 무엇보다 재정적 보상이 내재적 동기를 '밀어낼 수 있다.'는 것이다. 이외에도 많은 연구 기록을 통해 금전적 보상이 사전에 자연적으로 형성된 '할 수 있다.'는 동기를 없애는 역효과를 일으킬 수 있다는 사실을 알게 되었다.

즉, 일반적인 재정 보상은 효과적이지 않다. 오히려 효과가 거의 없다고 볼 수 있다. 80파운드의 일시적 보상이 힘든 과제 후의 보상이라고 여기지 않는 학생들에게 별 소용이 없었던 것처럼 말이다. 재정적 보상은 적절한 대상에게 주어져야 하고, 받는 사람에게 명확한 의미가 있어야 한다.

따라서 보상을 이용할 때는 어떻게 구성하고 조정할지에 대한 생각도 해봐야 한다. 보상을 궁극적인 목표(성적), 달성을 돕는 행동(참여, 행실, 과제)에 따라 주어야 할 것인가? 또 현금 형태인가,

그에 준하는 다른 형태인가? 재정적 보상을 이용하기로 결정했다면, 80파운드를 현금으로 '줄 것'인가, 아니면 실패한 대상으로부터 '받을 것'인가? 동일한 보상도 다양한 방법으로 세분화될 수 있다. 그러므로 어떻게 목표 달성을 돕는 보상 체계를 만들고 설정하는지는 상당히 중요한 일이다. 특히 보상의 '세부 사항'이 말이다.

이제 두 가지의 서로 다른, 하지만 상호보완적인 보상 이용 방법을 그려보고자 한다. 한 가지는 전반적인 목표에 보상의 중심을 두는 것이고, 다른 한 가지는 달성하기 위한 행동들에 중점을 두는 것이다. 그리고 보상을 적용할 때 나타날 수 있는 잠재적인 위험요소를 제거할 필요성을 강조하고자 한다. 목표 달성을 위해 도움이 될 보상 적용을 정리하자면 다음과 같다.

· 성패에 의미가 있는 보상을 설정하라.

궁극적 목표 달성을 특정 보상과 연결시켜 시행하라.

· 좋은 습관을 만들어줄 작은 보상들을 이용하라.

목표 달성을 위해 필요한 각 단계에 작은 보상을 주어 동기부여를 하라.

• 역효과를 조심하라.

재정적인 보상은 달콤하지만 내재적 동기를 밀어낼 수 있다. 보상(또는 페널티)이 좋은 의도를 퇴색시키지 않도록 조심하라. 다양한 형태의 적절한 보상을 이용해야 한다.

| 규칙 1 | 성패에 의미가 있는 보상을 설정하라

딘 칼란은 예일대학교의 경제학 교수이자 행동과학자이다. 그는 인간의 행동 자체만을 연구한 것이 아니라 실제 행동이 목표 달성에 어떻게 적용되는지를 보여주었다. 그가 동료 행동과학자인 조나단 진맨, 세계은행의 자비에르 기네와 함께한 연구는 무척 흥미롭다. 이는 재정적 보상이 개인의 목표 달성에 어떻게 적용될 수 있는가와 어떤 것들이 효과적인가에 대한 것이었다.

실험은 필리핀 그린은행과의 협력으로, 고객 중 흡연자들에게 보상을 주어 금연하도록 했다. 금연을 희망하는 흡연자들을 그룹화한 뒤 연구팀은 몇몇을 다시 소그룹으로 설정하여 임의로 계좌를 개설하여 예금하도록 했고 금연에 실패할 경우 예금이 몰수된다고 알렸다. 이것은 케어스(CARES, Committed Action to Reduce and End Smoking, 흡연 감소 및 금연 약속 운동)라는 프로그램이었다.

이 프로그램에 응한 고객들은 성패를 결정할 금액을 설정할 수 있었지만, 주로 담배 구입에 써왔던 금액을 넣도록 권유받았다.

그들은 평균 2주마다 예금을 했고 약속된 6개월 후에는 550페소 (1만2,000원 정도)를 모을 수 있었다. 이는 한 달 수입의 20퍼센트 정도에 해당하는 꽤 큰 금액이었다. 그리고 케어스 계좌 개설에 서명할 때 사람들은 이 프로그램을 계속할 것인지 중단할 것인지를 선택할 수 있었다. 하지만 프로그램에 참여하기로 결정한 후에는 그만두지 않을 것이라는 또 다른 계약서를 써야만 했다.

그린은행 직원들은 소변 검사를 통해 참가자가 몰래 흡연을 했는지를 테스트할 수 있었고, 단 한 번도 흡연을 하지 않아야 테스트를 통과할 수 있었다. 소변 검사를 통과하지 못하면 계좌의 모든 돈이 기부금으로 빠져나가게 했다. 결과적으로 한 번의 흡연으로도 힘들게 모은 돈을 모두 잃게 되는 것이었다. 하지만 검사를 통과한, 즉 금연에 성공한 사람들에게는 뜻밖의 보상이 주어졌다. 오랜 기간 흡연을 하지 않은 사람들은 그 돈을 다시 담배를 사는 데 사용하는 걸 꺼리게 된 것이다.

니코틴은 중독성이 강한 물질이다. 그러므로 이런 보상 계획이 금연에 도움이 된다면, 다른 목표 달성에도 효과가 있다고 볼 수 있다. 그리고 실제로 그 계획은 매우 효과적이었다. 케어스 계좌를 개설하고 프로그램에 참여한 사람들은 그렇지 않은 사람들보다 30퍼센트나 높은 금연 성공률을 보여주었다.

뿐만 아니라 그 효과가 오래 지속되는 긍정적인 결과도 나타났다. 케어스 계좌 개설 및 프로그램에 참여해 금연에 성공한 사람들을 12개월 후에 다시 테스트했을 때 놀랍게도 여전히 금연을 하고 있었다.

목표 달성에 도움이 될 보상 시스템을 낭비하지 않으려면 세부 사항들이 중요하다는 점을 알아야 한다. 다행히 효과적인 보상 메커니즘을 만들 수 있도록 해줄 비교적 간단한 네 가지의 방법을 소개한다.

첫째, 자신과 자신의 중요한 궁극적 목표를 '직선'으로 연결하라. 보상을 자신이 만든 약속과 쉽게 연결시키려면 약속에는 무엇을 언제 할지가 포함되어야 한다. 만약 체중 감량을 목표로 삼았다면 정해놓은 체중에 도달했을 때 보상을 받도록 설정하면 된다. 얼추 비슷한 숫자가 아닌, 정확하게 정해놓은 숫자에 도달했을 때에만 보상을 받을 수 있다. 규칙 2에서는 GCSE 시험에 대한 보상처럼 작은 보상 체계를 만드는 방법을 더 자세히 소개할 것이다.

둘째, 관련된 요소들마다 의미가 있는 보상을 하라. 작은 장신구와 같은 보상은 큰 목표 달성의 보상으로 적합하지 않다. 사람들의 행동에 따른 보상의 영향력을 연구한 행동과학자들은 설득력 있는 논쟁을 벌였다. 충분히 보상하거나, 아예 보상하지 않는 경우에 대해 따져본 것이다.

실제로 칼란 교수는 이 교훈을 개인적인 체중 감량 계획을 통해 알게 되었다. 박사 학위 논문을 완성한 후 그와 친구는 체중 감량을 계획하여 목표에 도달하지 못한 사람이 연 수입의 반을 주기로 했다. 엄청난 액수를 건 이유는 그가 무모한 도박꾼이라서가 아니었다. 당연히 냉동고에서 아이스크림을 꺼낼 때마다 그 약속이 떠올라 손을 멈추게 되리라 생각했다. 물론 연봉의 반을 보상으로 설정하는 게 꼭 필요하거나 매우 적절하다고는 여기지 않았을 것이다.

여기서 대승적 차원의 핵심을 배울 수 있다. 재정적인 보상을 이용하려면 효과적인 의미 있는 액수를 설정해야 한다. 잠시 중요한 경고를 하나 하자면 이런 내용을 알려준다고 해서 재정적 보상을 이용하라는 뜻은 아니다.

마지막 장에서는 어떻게 그리고 왜 재정적 보상이 역효과를 낳을 수 있는지, 현금을 대체할 것들이 무엇이 있을지를 알아볼 것이다. 지금 이 시점에서 알려주고자 하는 바는 '그다지 신경 쓰이지 않는 보상'은 동기부여에 대단한 효과를 주지 않는다는 것이다.

셋째, 성공 후에만 보상이 따른다는 것을 확실히 하라. 이는 구속력에 대한 것이다. 칼란이 체중 감량 계획을 통해 배운 교훈이다. 칼란은 체중 감량 계획이 실패한다면 자신들이 보상이나 약속에 대한 사항들을 다시 의논할 것임을 깨달았다. 특히 높은 금액을 내놓아야 한다는 부분이 그러했다.

칼란과 친구는 보상이 효과적이려면 구속력이 있어야 한다고 여기고 계약서를 작성했다. 그리고 계획을 수정하거나 약속을 바꾸려는 시도를 즉시 실패한 것으로 간주했다. 즉, 약속을 깰 방법은 없도록 했다. 칼란은 이를 아주 중요한 계획의 일부로 여겼고, 실제로 체중 감량에 큰 도움이 되었다.

앞서 살펴보았던 필리핀의 금연 계좌 프로그램도 구속력이 있었다. 돈은 은행이 관리했고 실패할 경우에는 전액이 기부된다는 사실을 참여자들은 확실히 인지했다. 영국 학교의 GCSE 시험 성적 계획에서도, 모든 학생들은 성공하면 학교가 보상을 확실히 해준다는 믿음이 있었다.

보상에 구속력을 포함시키고자 할 때, 가장 확실하고 간단한 방법은 바로 약속 심판 도우미를 지정하는 것이다. 3장에서 오웨인의 역할로 인해 운동을 더 많이 하게 된 로리를 만났다. 오웨인의 가장 중요한 역할 중 하나는 로리의 보상 또는 페널티(실패 시 아스널 티셔츠 입기) 설정을 도운 것이었다. 그리고 로리의 실패 여부를 결정하고 페널티를 주는 것이 오웨인이 해야 할 일이었다. 이처럼 보상을 정할 때에 도우미와 협력하면 더 효과적이다. 심판이 된 사람에게 약속에 대한 구속력을 강화시킬 요소들을 물어보고, 보상을 받을 수 있는지 없는지의 여부를 결정하도록 하는 것이다.

마지막으로 행동과학에서 가장 유명한 일종의 발견을 소개한다. 바로 '동등한 조건일 경우, 얻는 것보다 잃는 것에 훨씬 민감하다.'는 것을 전제로 한 '손실회피(Loss Aversion)'라는 개념이다.

간단한 테스트로도 알 수 있으니, 직접 한번 해보도록 하자. 길을 걷고 있다가 바닥에서 구겨진 20파운드 지폐를 발견했을 때 어떤 기분이 드는지 상상해보라. 주인에게 돌려줄 방법은 없다. 그래서 지폐를 집어 주머니에 넣었다면 당신은 생각지 못했던 소득에 꽤 기분이 좋아졌을 것이다.

이번에는 다른 상황을 상상해보자. 밖에 나가 작은 가게에 들러 마음에 드는 물건을 발견했다. 이를 구입하려고 계산대 앞에 서서 지갑을 열었는데, 20파운드가 없어졌다는 사실을 알게 되었다. 그날 아침에도 분명히 있었지만 어디서 흘렸는지 잃어버렸다. 20파운드를 주웠을 때와 비교했을 때 어느 쪽이 상실감이 얼마나 더 큰가? 대부분의 사람들은 돈을 잃어버렸을 때가 훨씬 더 기분이 좋지 않다고 대답했다. 실험 결과에 따르면 같은 것을 잃은 감정이 얻은 감정보다 두 배 정도 더 크다.

행동과학자들은 이러한 심리를 자신이 가지고 있는 것에 대한 가치를 더 높게 평가하는 '소유효과(Endowment Effect)'라고 칭했다. 이것이 바로 보상을 설정할 때 최대의 효과를 얻기 위해서 손실회피 방법을 써보라고 권하는 이유이다.

GCSE 시험 성적에 관한 다른 연구에서는 현금과 티켓을 미리 주고 실패했을 경우 돌려받는다고 했을 때 더 큰 효과가 나타났다. 금연 계좌도 마찬가지다. 입금을 해놓고 실패하면 기부금으로 몰수되는 방법이 큰 효과가 있었다. 장기간의 프로그램이 끝난 후 보상을 받는 것보다 사전에 가진 것을 뺏기는 것이 훨씬 큰 동기부여가 된다. 그러므로 실패하면 어떤 것을 잃는 방법이 목표 달성에 강력한 효과를 발휘하고, 성공적인 결과를 얻을 수 있다는 점을 기억하자.

이제 보상이 목표 달성에 강력한 도구가 되며 그 보상의 세부 요소들을 어떻게 설정하느냐에 따라 결과가 달라질 수 있음을 알게 되었다. 이 네 가지를 잘 기억해 보상을 궁극적 목표와 연결하고 의미와 구속력을 만들어 손실회피 심리를 이용하라. 그러면 강력한 동기부여가 되어 목표를 달성할 수 있을 것이다. 다음으로는 작은 보상들을 어떻게 만들지에 대해 알아보도록 한다.

| 규칙 2 | 좋은 습관을 만들어줄 작은 보상들을 이용하라

팀분은 호주 멜버른에서 멀지 않은 빅토리아의 작은 도시로, 호주 전역과 서구 사회에서 사회문제가 되고 있는 '비만'으로 고통받고 있다. 행동통찰팀은 빅헬스(빅토리아 주민들이 만든 건강증진 기관)와 협력하여 비만 지수를 낮출 수 있는 방법을 연구하게 되었다. 우선 주민들의 신체 활동 레벨을 올릴 수 있는지를 살피기로 했고, 그중 빅헬스 직원들을 대상으로 시작해보았다.

먼저 직원들은 신체 활동이 건강한 삶의 열쇠가 되어주는지를 체험해보았다. 그들은 이미 보건위생과 관련한 기구들을 갖추었고 추가적으로 헬스케어 밴드인 핏빗(FitBit)을 지원받아 매일 1만 보 걷기를 권장받았다.

이러한 다양한 지원에도 불구하고 직원들의 활동과 칼로리 소모량은 저조했다. 결과를 살펴본 행동통찰팀의 호주 지사 간부 알렉스는 빅헬스의 정책장인 타니아 레이쉬맨과 프로젝트를 하나 진행하기로 했다. 직원들에게 도움을 주면 행동에 어떠한 변화가 일어나는가를 알아보는 프로젝트였다. 알렉스와 타니아는 장기간의 프로젝트에는 큰 보상을 이용하는 것이 도움되었지만 더 작으면서도 잦은 보상 역시 일상 습관을 바꾸는 데 큰 효과가 있다는 것을 알고 있었다. 그들은 즉시 이를 행동으로 옮기기로 하고 직원들의 동기부여에 시동을 걸어줄 만큼 효과적인 보상을 주고자 했다. 그런데 건강검진 기관에서 줄 수 있는 종류의 보상이어야 한다는 점이 고민이었다.

고민 끝에 궁극적으로 프로그램에 적합하면서 받는 입장에서도 솔깃한 보상이 정해졌다. 모든 팀원들이 일주일 중 5일간 그동안의 평균과 비교했을 때 매일 2,500보를 '추가적으로' 걸으면

50달러에 준하는 마사지 바우처를 받기로 했다. 이 보상은 특히 피실험자들이 조금 더 걷도록 하는 데 목적이 있었다. 또한 이미 1만 보를 채우는 사람들이 있었기 때문에 본래 설정된 목표보다 조금 더 나아간 목표를 설정했다. 결정적으로 이 프로그램은 일상적 행동에 집중했고 서로 용기를 북돋아 함께 목표를 이루도록 만들어졌다.

프로그램이 시작된 후 알렉스와 타니아는 한 발 뒤로 물러나 결과를 기다렸다. 이 보상 계획은 큰 효과가 있었고 직원들의 걸음 수는 매주 2,100보나 더 많아졌으며 칼로리 소모량 역시 현저하게 올라갔다. 활동이 저조해서 가장 운동이 필요했던 사람들이 가장 큰 상승폭을 보여주는 최고의 효과가 나타났다.

어떤 보상이 실제로 효과적인지, 목표 달성에 도움이 되는지를 알고 나면 이제 세부 사항들에 대해 생각해봐야 한다. 어떤 사례들은 시간이 오래 걸려 지속적인 동기부여가 필요하다. 이에 비해 팀분의 건강증진 계획은 조금 다른 요소들을 제시했고 작게 생각하는 접근법의 다른 핵심을 뒷받침했다. 궁극적인 목표와 함께 작은 청크들을 만들고, 청크들마다 작은 보상을 설정하여 각각의 단계들과 행동들이 도움을 받으며, 쉽게 궁극적 목표에 도달할 수 있어야 한다. '사소한, 잘한 일들'에 주어지는 작은 보상들로 이루어진 청크들은 좋은 습관을 만들어주고 일상과 연결된다.

아주 작은 생각의 힘

작은 보상들은 그날그날의 상황에 따라 주어졌을 때 가장 효과적이다. 어떤 일을 해야만 한다는 것을 알고 있으며 힘든 노력이 필요한 경우 그날의 보상을 정해도 좋다. 작은 보상은 끝내야만 하는 '부수적인 이유'를 만들 수 있도록 도와준다.

작은 보상들이 행동변화 영역의 까다로운 연구 대상이 된 적이 있다. 바로 아이들이 더 많은 과일과 채소를 먹을 수 있도록 유도하는 연구였다. 많은 부모가 알고 있듯 이는 간단하고 쉬운 일이 아니며 여러 연구자가 '무엇이 아이들에게 더 건강한 음식을 먹도록 해주는 것인가'에 대한 해답을 찾지 못했다. 한 연구 그룹은 미국 유타의 40개 초등학교에 다니는 수천 명의 어린이들을 대상으로 건강한 음식을 섭취하도록 하는 새로운 방법을 찾아보기로 했다. 연구원들은 작은 보상들이 더 많은 과일과 채소 섭취에 도움되는지를 알아보고자 했고, 변화가 단편적이고 일회성인 것이 아니기를 바랐다.

결과적으로 과일과 채소 섭취를 미래의 습관적인 행동으로 만드는 것이 연구의 목적이었다. 아이디어는 간단했다. 피실험자가 한 번이라도 과일이나 채소를 섭취하면 특별 교환권을 받을 수 있었다. 교환권은 25센트의 가치가 있어서 교내의 상점과 학교 축제, 도서전에서 사용할 수 있었다. 또 교환권이 케이크나 초콜릿 등 건강하지 않은 외부 식품 구입에는 사용할 수 없도록 설정했다.

연구원들은 두 개의 변종 프로그램을 시도해보기로 결정했다. 어떤 학교에서는 3주 동안 매일 보상을 주다가 그 이후로는 멈추기로 했고, 다른 학교들은 5주가 다 지난 후에 한꺼번에 보상을 해주기로 했다.

사실 연구가 진행되기 전에는 작은 보상 계획이 얼마나 효과적일지 알 수 없었다. 아이들이 피자와 과자를 눈앞에 두고 브로콜리와 콩을 먹는 것이 얼마나 어려운 일인지를 알고 있었기 때문이다. 하지만 보상은 실로 엄청난 효과가 있었다. 예상보다 두 배나 많은 수의 학생들이 매일 적어도 한 번의 과일이나 채소 섭취를 했다.

흥미로운 점은 이 결과가 연구의 요점이 아니었다는 것이다. 중요한 것은 '보상이 사라지고 난 후에는 어떻게 되느냐.' 하는 것이었다. 2장에서 살펴보았듯 같은 조건(줄을 서서 식사를 받을 때 어떤 것을 먹겠느냐고 물어보는)에 대해 같은 행동을 반복적으로 하는 것(식사에 과일과 채소 섭취를 어느 정도 하도록 권유하는)은 시간이 지남에 따라 습관이 되어 목표 달성을 더 쉽게 만들어준다. 이것이 바로 연구원들이 각각 다른 기간의 프로그램을 만든 이유였다. 긴 기간(5주)에 대한 보상이 짧은 기간(3주)의 보상보다 확장된 습관을 만드는 데 도움되는지를 알아본 것이다.

2개월 후 연구원들이 짧은 프로그램과 긴 프로그램 둘 다 강력하고 지속적인 효과가 있다는 것을 발견하고 매우 기뻐했다. 특히 5주 프로그램의 결과가 놀라웠다. 더 긴 기간 동안 과일과 채소를 섭취하고 보상을 받은 학생들의 섭취량이 짧은 기간의 학생들보다 두 배 이상 높았다. 장기간의 반복적인 행동이 일상에 더 깊이 파고들어 습관에 변화를 일으킨 것이다.

학교들을 대상으로 시행한 프로그램의 주요 목적은 아이들이 언제든 충분한 양의 과일이나 채소를 먹을 수 있도록 하는 것이었다. 하지만 많은 '작은 보상' 프로그램마다(팀분 사례를 포함해서) 경쟁요소가 존재한다. 보상과 경쟁으로 목표를 '게이미파잉(Gamifying, 기업이 의도하는 활동에 사용자의 참여를 유도하기 위해 게임과 무관한 웹 사이트나 애플리케이션에서 게임과 연관된 개념을 활용하는 것을 일컫는 신조어-옮긴이)'하는 것은 정책 결정자들이나 기업이 많이 활용한다. 개인적인 것이든 업무와 관련한 것이든 목표를 게이미파잉하는 것에는 대단한 잠재력이 있다고 여기는 것이다.

한 사례를 살펴보자. 미국 유타의 학교들을 대상으로 진행한 같은 연구가 영국의 학교를 대상으로 다시 한번 이루어졌다. 이번에는 경쟁과 게이미파잉에 중점을 둔 연구였다. 학생들은 과일과 채소를 섭취했을 때 교환권이 아닌 스티커를 받았다. 주의 마지막 날, 적어도 네 개의 스티커를 받은 학생들은 특별한 상자에서 장난감과 같은 작은 보상을 받을 수 있었다. 연구원들은 이런 작은 보상이 유타 학교의 연구 사례처럼 과일과 채소를 더 섭취하는 데 도움이 된다는 것을 알고 있었다. 그런데 여기에 네 명씩 그룹을 만들고 가장 많은 스티커를 모은 한 학생만이 보상을 받을 수 있는 경쟁요소를 적용했을 때 과일과 채소 섭취량이 세 배나 높아지는 놀라운 결과가 나타났다.

목표를 설정할 때나 다른 사람들에게 동기부여를 할 보상 프로그램을 만들 때 가능하다면 목표를 게이미파잉할 수 있는 좋은 방법을 찾아보자. 청크들을 완수하여 보상을 받고, 서로 경쟁할 수 있는 프로그램을 연결시켜보자. 이러한 작은 보상들은 궁극적으로 좋은 습관으로 이어질 것이다.

이제 동기부여가 되는 보상을 어떻게 설정하는지 알게 되었다. 하지만 아직 보상 이용의 복잡한 구조를 완전히 파악하기에는 부족하다. 보상을 잘못 설정했을 경우 발생할 수 있는 역효과 역시 알아두어야 한다. 다음 규칙이 바로 역효과에 대한 것이다.

| 규칙 3 | 역효과를 조심하라

1990년대 초반, 스위스 정부는 핵폐기물 저장소를 만들기 위해 중부의 두 곳을 지정했다. 이런 경우 시민들의 반응이 문제가 되기 마련이다. 이때 브루노 프라이와 펠릭스 오베르홀저-지라는 두 명의 교수가 연구 프로젝트를 진행했다. 연구자들은 대상 지역의 3분의 2에 해당되는 가정에 연락을 취하여 핵폐기물 저장소가 그 지역에 설치되는 것에 찬성하는지를 물어보았다.

놀랍게도 절반 정도가 찬성이라 대답했다. 잠재되어 있는 부정적 결과에 대해 진심으로 걱정하면서도 찬성하는 인원이 예상보다 많았다. 40퍼센트에 가까운 응답자들은 심각한 사고가 일어날 수 있겠지만 그럼에도 불구하고 저장소가 어디든 설치되어야 한다고 했다. 그들은 지역에 끼칠 부정적인 결과보다는 스위스 국민으로서의 의무를 먼저 생각했다.

그다음 프라이와 오베르홀저-지는 조금 다른 종류의 질문을 던졌다. 재정적 보상이 주어진다면 얼마나 많은 사람들이 핵폐기물 저장소 설치에 찬성하는지를 알고 싶었다. 보상은 개인당 매해 2,175달러에서 6,525달러까지 주어진다고 설명했다. 연구자들은 국민의 의무에 재정적 보상이 더해졌으니 더 많은 사람들이 찬성할 것이라 여겼다. 기본적인 동기부여에 또 다른 요소가 추가됐기 때문이다. 하지만 오히려 찬성률이 급락했다. 2,000달러든 6,000달러든 액수는 상관없었다.

무슨 일이 일어난 것일까? 현금이 도덕적 의무감을 금전 거래로 변질시킨 것이 큰 이유였다. 그리고 6,000달러라는 금액은 감수해야 할 위험에 대한 보상으로 충분하지 않았다. 이는 '추가적인 금전적 보상이 따르면 상승효과가 발생한다.'고 믿는 전통적인 경제학자들의 머릿속을 복잡하게 만드는 결과였다.

하지만 행동과학자들은 이런 결과에 대해 놀라워하는 데 그치지 않고 다른 연구에 나섰다. 예를 들어 리차드 티트무스는 자발적 헌혈에 금전적 보상이 따르면 오히려 헌혈에 대한 의향이 줄어드는 부정적 결과가 나타난다는 사실을 알아냈다.

가장 최근에는 밥 슬로님이 어느 가정에서부터 연구를 시작했는데, 보상의 형태가 중요하며 적절하게 잘 짜인 보상 계획은 사실상 성공 확률을 더 높일 수 있음을 밝혔다. 곧 목표 달성에 금전적 보상을 주고자 하는 것이 언제나 옳은 결정이 아니었다. 적절하게 엄선된 보상이 아니라면 오히려 본질적인 동기부여와 노력 측면에 악영향을 미칠 수 있다는 것이다.

금전적 보상이 역효과를 일으킨다는 것을 증명해줄 가장 유명한 실험은 유리 그니지에 의해 이루어졌다. 이스라엘에는 '기부 기간'이 있어서 이때 시민들에게 암 연구 단체나 장애아동을 도울 수 있도록 자선 모금을 한다. 모금 체계가 잘 자리잡은 고등학교의 경우 학생들이 짝을 지어 가정 방문을 통해 기부금을 받았다. 그니지는 학생들에게 재정적 보상을 주었을 때 모금액이 더 늘어나느냐, 즉 내재적 동기에 추가적인 보상을 주면 더 좋은 결과가 나타날 수 있느냐가 궁금했다.

그는 실험을 위해 한 고등학교를 선정하여 학생들을 성격이 아주 다른 세 개의 그룹으로 나누었다. 첫 번째 그룹에게는 자선 모금의 중요성을 말해주고 나서 그 내용을 읊어보도록 했고, 모금의 결과가 대중에게 공개될 것이라고 했다. 두 번째 그룹은 첫 번째 그룹의 조건에서 추가로 각각 모은 금액의 1퍼센트에 달하는 돈을 받을 수 있도록 작은 보상을 더했다. 세 번째 그룹은 모금된 총액의 10퍼센트를 받을 수 있는 더 큰 보상을 주었다.

결과는 어땠을까? 가장 큰 금액이 모인 그룹은 바로 아무런 보상도 받지 않는 그룹이었다. 그다음은 10퍼센트를 받기로 한 세 번째 그룹이었다. 가장 작은 보상을 받기로 한 그룹이 모은 금액은 훨씬 적었다. 36퍼센트나 적은 금액이었다.

자선 모금 활동은 그 자체로 내재적 동기를 포함하고 있다. 그래서 작은 보상이 주어지면 본질적 보상이 사라져버린다. 스위스의 사례처럼 이미 동기가 있는 사람들에게 작은 보상은 역효과를 일으켜 내재적 동기를 몰아낼 수 있다.

여기서 반드시 기억해야 할 점이 있다. 재정적 보상이 전혀 효과가 없다고 잘못 해석하면 안 된다. 영국에서 이루어졌던 한 연구를 살펴보자. 보육기관에 아이를 맡긴 부모가 하원 시간에 늦으면 벌금을 냈을 때 어떤 일이 일어나는지를 알아보았다. 유리 그니지와 알도 러스티치니가 진행한 이 연구는 벌금의 역효과를 보여주었다. 결과적으로 도덕적 의무가 보육기관에서 일하는 사람들에게 대한 일종의 보상, 재정적 대가로 변질되었다. 부모는 벌금을 내기 때문에 늦게 와도 '괜찮게' 되고 말았다.

하지만 그니지와 러스티치니의 연구는 벌금이 효과적이지 않다는 사실을 알아내기 위한 것이 아니었다. 연구자들은 재정적 보상이나 페널티를 이용할 때 금액 책정 기준에 대해 신중해야 한다는 점을 확인하고 싶었다. 특히 '정당한 일'을 하는 것에 대한 내재적 동기를 이미 가지고 있는 사람들의 경우를 살펴보고자 했다. 이 장에서 첫 번째로 언급한, 성패가 달린 것에는 충분히 많은 보상을 설정하라는 것과 같은 맥락이다. 재정적 보상을 이용하고자 한다면 충분히 의미 있는 것으로 만들어라. 물론 과도한 금액 역시 효과적이지 않거나 역효과를 만들어낸다. 정직하지 않게 되거나, 줄이거나, 약속을 바꾸는 일이 생길 수 있다.

내재적 동기가 이미 있는 대부분의 사람들에게 적절한 방법은 바로 직접적인 현금 보상을 피하는 것이다. 작게 생각하는 접근법의 확장으로 따라할 수 있는 세 가지의 다른 방법들을 알려주고자 한다.

첫 번째는 현금 보상을 재구성하여 돈이 아니라 다른 형태로 제공하는 것이다. 몇몇의 현명한 연구자들이 싱가포르의 택시 운전사들에게 운동을 더 열심히 하게 하는 계획을 성공시킨 적이 있다. 이 연구에서 일정 수의 택시 운전사들은 하루에 100달러를 받으라는 제안을 받았다. 또 어떤 운전사들은 하루의 택시 임대 비용을 받으라는 제안을 받았다. 그런데 100달러를 선택한 운전사들의 수가 현저히 적었다. 이 선택이 무슨 의미인지 궁금한가? 사실 택시의 하루 임대 비용은 100달러였다.

목표에 보상을 설정할 때엔 궁극적인 목표 달성을 축하할 만한, 정말로 좋아하고 원했던 것을 먼저 떠올려라. 현금 대신, 그 현금으로 사고 싶은 것 또는 하고 싶은 것을 주는 것이다. 보상은 평소 원하던 휴가가 될 수도 있고, 영화 관람권이나 가장 좋아하는 스포츠팀의 경기 관람권일 수도 있다. 어떤 보상을 스스로에게 줄지 생각할 때는 2장에서 얻은 교훈들을 함께 고려하자. 경험을 사는 것은 물질적인 것보다 행복지수를 높이고, 사회관계나 타인을 위해 쓰는 시간과 돈이 웰빙지수를 높인다. 스스로를 위해 돈을 쓰는 것보다 기부를 한 사람들이 더 행복감을 느끼고 만족해했다는 연구 결과를 잘 되새겨보자.

두 번째는 첫 번째와 관련이 있다. 특히 다른 사람에게 보상을 줄 때 물질적인 구입을 완전히 포기하고, 돈으로 살 수 없는 무언가를 제공하는 것이다. 예를 들어, 공공 단체들은 '돈'보다 '사람'에 훨씬 높은 가치를 둔다. 큰 금액이 걸린 경매에서 이긴다는 전제로, 한 해 동안 주차 금지 구역에 유일하게 주차할 수 있는 특권을 준다고 상상해보자. 또는 진심으로 존경하고 동경하는 대상과의 점심식사를 떠올려보자. 한 예로 노르웨이 오슬로는 더 많은 사람들의 전기 자동차 구매율을 높이기 위해 전기 자동차 주행 시 버스 전용차로를 이용할 수 있도록 했다. 이 정책은 전기 자동차 구매율뿐만 아니라 가시성 또한 높이는 데 목적이 있었다. 이로써 얼마나 많은 사람들이 친환경적인 자동차를 운행하는지를 명확히 볼 수 있게 되었다.

행동통찰팀은 창립 멤버 중 한 명인 사이몬 루다와 함께 '돈으로 살 수 없는' 것을 작은 규모로 마련해보았다. 크리스마스 기념 펜을 만들고 행동통찰팀 로고, 수령인의 이니셜과 연도를 새겼다. 펜 자체의 금전적 가치는 상대적으로 낮았지만 펜을 받은 이들은 큰 의미를 부여했다. 생산 비용보다 훨씬 큰 가치를 제공한 것이다. 이처럼 의미 있고 가치 있는 보상을 설정하고자 한다면, 그리고 재정적 보상이 아닌 것으로 정하고 싶다면, '돈으로 살 수 없는 것'부터 시작하는 게 좋다.

이 모든 내용들이 도덕군자인 척하는 것처럼 느껴진다면, 세 번째 방법이 있으니 걱정하지 말자. 정말로 효과적인 방법이라 단언한다. 딘 칼란과 이안 아이레스는 이것을 '반대유인(Anti-Incentive)'이라고 부르며, 일반적인 보상이 만들어낼 수 없는 동기를 만들어주는 것이라고 했다.

가장 간단한 반대유인은 재정적 보상을 정말로 싫어하는 것이나 자선으로 정하는 것을 포함한다. 선호도가 가장 낮은 스포츠팀이나 정치인 또는 기관을 떠올려보자. 그리고 목표 달성에 실패할 경우 그 개인이나 기관에 기부하는 설정을 해본다. 50달러를 전미총기협회 또는 정치적 신조와 반대되는 노동조합에 기부해야 한다고 했을 때, 직접적인 보상이나 페널티보다 상대적으로 훨씬 큰 영향을 받는다. 로리는 아스널 팀(그가 가장 싫어하는)의 옷을 입어야 한다는 페널티가 있는 운동 계획을 실행했다. 반드시 재정적인 부분이 개입될 필요가 없다. 이처럼 '정말로 싫어하는 것'을 적용하는 비재정적 반대유인은 가장 강력한 효과가 있다.

이 방법의 큰 장점 중 하나는 바로 비용이 많이 들지 않는다는 것이다. 세상에서 제일 싫어하는 기관에는 조금의 돈도 기부하기 싫을 것이다. 하지만 여기에도 주의를 기울일 필요가 있다. 목표와 연결시켜야 하고, 실행해야만 한다는 것. 그러니 반대유인 역시 신중하게 결정하자. 결코 간단하게만 생각할 일은 아니다!

다른 규칙들은 긍정적인 요소를 포함한 것들인 반면에, 이것은 부정적으로 바뀔 결과에 중점을 둔 것이다. 적절하지 못한 보상 체계가 역효과를 부르며, 간단한 부정적 요소 하나가 목표 달성에 큰 도움이 될 수도 있다는 점을 잘 생각해봐야 한다.

이 장에서 보상 설정에 대한 여러 가지 요소들을 알아보았다. 생각과 달리 현실에서는 그리 간단하지 않을 수도 있다. 하지만 세 가지 규칙에 집중하면 어떤 보상이 적절하고 가치 있는지 알 수 있을 것이다. 보상(또는 제재)을 목표에 제대로 연결하라. 충분히 의미 있는 보상인지 확인하라. 구속력이 있는지 확인하라. 잃을 것인지 얻을 것인지 확실하게 정하라. 궁극적인 목표에 대한 큰 보상과 함께 각 청크마다 작은 보상을 주는 것도 적절하게 고려해야 한다는 것도 잊지 말자. 좋은 습관으로 이어질, 상대적으로 더 효과적인 보상을 선택하자.

마지막으로 내재적 동기를 해치지 않을 재정적 보상에 주의하자. 보상을 재구성하고, 돈이 아닌 경험을 보상으로 설정하고, 때로 반대유인을 활용하며 건강한 동기부여를 하도록 한다. 타인을 돕는 것이 가장 효과적인 방법이기도 하므로 그룹 보상을 이용하는 것도 좋다. 자신에게 적절하고 효과적인 보상을 설정하는 방법은 다양하며, 어떤 것이 맞는지를 알아보는 과정 역시 중요하다.

5장

'목표'를
나눈다는 것

목표를 공유한 집단(몸무게 감량, 예금, 팀 프로젝트 등),
또는 결정에 도움이 될 통합된 지혜는 실로 엄청난 효과가 있다.
어떤 방법을 활용하든 나눔이라는 요소는 인간이 사회적인 동물이기 때문에 더욱
빛을 발한다는 것을 기억하자.

앤디는 행동통찰팀에서 가장 유능한 직원 중 한 명이다. 영국 그림즈비 지역 출신인 그는 흡연자인 동네 친구들이 있었다. 그는 흡연할 생각이 없었지만 친구들 모두가 흡연을 하면서 흡연을 시작했다. 그는 전형적인 '사회적 흡연자(다른 사람들이 담배를 피거나 어떤 모임에 갔을 때만 담배를 피는 사람-옮긴이)'였다.

대학 진학을 위해 브리스톨로 간 뒤 또 비슷한 상황이 발생했다. 대학 동기들은 대부분 흡연자들이었고, 맥주를 한잔하러 갈 때마다 앤디 역시 흡연을 했다. 사회적 흡연은 그 후로도 몇 년 동안 지속되었다.

결국 앤디는 흡연을 하지 않은 사람들과 만날 때에도 종종 흡연을 하게 되었다. 대학을 졸업하던 해에 그는 정치에 관심을 가지게 되어 2010년 총선 캠페인에 합류했다. 지역의 정당 인사들과 많은 시간을 함께하게 되었는데 거의 모든 사람들이 흡연자였다. 그러다 보니 앤디도 규칙적으로 흡연을 하게 되었다.

하지만 곧 앤디는 흡연을 피하게 되었다. 가볍게 생각했던 그림즈비의 친구들과의 흡연과 대학 시절의 흡연이 습관으로 굳어져버렸음을 깨달은 것이다. 자신도 모르는 사이 니코틴 중독자가 된 그는 슬쩍 담근 발이 깊이 빠져버린 느낌이 들었다.

그러던 어느 날 모든 것이 바뀌었다. 앤디는 니콜라를 만나 사랑에 빠졌는데 니콜라는 비흡연자였다. 심지어 그녀는 흡연을 매우 싫어했다. 니콜라는 흡연으로 인해 치아가 누렇게 변하고, 옷에서 냄새가 나는 것이 너무 싫었으며, 흡연을 계속하는 사람은 스스로를 점점 죽음으로 몰고 간다고 확신했다. 그래서 그녀는 앤디에게 자신과 결혼하기를 원한다면, 반드시 금연을 해야만 한다고 잘라 말했다. 누구에게나 그렇듯 금연은 성공하기 힘들고 부담스러운 일이었다. 니코틴은 어쨌든 중독성이 강한 물질이며 앤디는 이미 중독되어 있기 때문이다. 하지만 앤디는 행동과학 연구를 통해 금연의 이유를 찾고 자신감을 가질 수 있었고, 니콜라에게 청혼을 하며 금연을 약속했다.

앤디가 자신감을 가질 수 있었던 것은 목표 달성의 사회적 성분을 잘 이해하고 있어서였다. 그에게 끼친 타인의 영향력을 깨닫고, 처음 흡연을 했듯 금연도 가능하리라 믿었다. 그래서 그는 니콜라를 사랑하기 때문만이 아니라(비록 사랑이 가장 큰 비중을 차지하고 있었지만), 그녀가 금연에 도움을 줄 사람이라 믿었기에 결혼을 전제로 한 금연 계획을 받아들였다.

새로운 조사와 연구는 앤디의 가설을 강하게 뒷받침해주었다. 한 배우자가 금연을 하면, 다른 배우자 역시 흡연을 꺼리고, 그 비율은 67퍼센트나 된다. 이야기는 거기서 멈추지 않는다. 그가 흡연을 계속해왔던 브리스톨을 니콜라와 떠나면서 금연에 큰 영향을 끼칠 수 있는 환경적 변화 요인이 조성된 것이다.

물론 앤디는 사회적 관계에 신경 쓰고 있었다. 자신의 친구와 친구의 친구가 흡연을 하고 있으면 흡연이 더 하고 싶어졌다. 그래서 앤디는 사회적 흡연 관계가 이루어졌었던 브리스톨과 그림즈비에서 스스로 빠져나오게 된다면 금연이 훨씬 쉬워질 것이라는 사실을 알고 있었다. 2년이 지난 후 앤디의 자신감은 현실이 되었다. 브리스톨을 떠난 뒤부터 그는 단 한 개비도 피우지 않았다. 이듬해에 그와 니콜라는 결혼했고 담배 없는 세상에서 행복하게 삶을 꾸릴 수 있었다.

이번 장은 목표 달성을 돕는 주변 환경의 강력한 영향력을 다룬다. 목표를 나누는 것은 동기부여와 목표 달성에 훌륭한 방법이지만, 개인 생활에서 잘 활용되지 못하는 방법이기도 하다. 왜냐하면 보통 목표를 '개인 개선 프로젝트' 정도로 여기기 때문이다. 직장 생활이나 정부 정책 중 역사적으로 시행되는 프로젝트나 프로그램에는 사회적 요소가 있으나 사회적 상호작용의 중요성이 간과되곤 한다. 이에 대해 리처드 탈러(행동통찰팀의 오래된 조언자이자 전미 경제학회 회장, 『넛지』의 저자이자 2017년 노벨 경제학상 수상자)는 '온전한 경제 인간이 가장 사회적 바보에 가깝다.'고 말했다.

계속해서 다음 내용을 읽기 전에 사회적 네트워크의 힘에 대한 긍정적인 부작용 중 하나를 명심했으면 한다. 이것은 왜 이 장을 '나눔'으로 정의했는지에 대한 이유이다. 친구나 가족 구성원, 또는 동료에게 어떤 일을 도와달라고 부탁했을 때 당신과 그들에게는 돌려받고자 하는 욕구가 강하게 생긴다. '보답하기 위해서'이다. 이 욕구는 너무나도 강력해서 다윈은 도덕의 토대로 간주하기도 했다.

이는 누군가로부터 선물이나 칭찬, 저녁식사 초대 등을 받으면 나도 뭔가 줘야 할 것만 같은 마음이다. 그래서 다른 사람들이 당신의 목표 달성을 도와주려고 할 때 그들의 목표 달성에도 도움을 줄 기회라는 점을 염두에 두고 이 장을 읽었으면 한다.

인간은 사회적 동물이다. 타인의 행동에 대한 생각과 내 행동에 대한 타인의 생각에 영향을 받는다. 이제 이런 사회적 성분을 이용해 최고의 효과를 발휘할 세 가지 황금 규칙을 알아보자.

- 도움을 요청하라.
  도움을 줄 사람이 있으면 목표 달성이 더 쉬워진다. 도움의 영
  향력에 대해 알게 된다면 아주 놀라게 될 것이다.

- 소셜 네트워크(사회적 연결망)를 이용하라.
  네트워크는 행동에 지대한 영향을 끼친다. 이를 이용해 목표 달
  성에 도움이 되도록 하는 방법은 다양하다.

- 집단(그룹)의 힘을 이용하라.
  같은 목표를 가진 그룹의 많은 이들과 함께해라. 혼자일 때보
  다 더 많이, 더 빨리 목표를 달성할 수 있을 것이다.

| 규칙 1 | 도움을 요청하라

다음 상황을 상상해보자. 지금 당신은 뉴욕 한복판에서 급하게
전화를 걸어야 하는데 휴대전화에 배터리가 없다. 꽤 급한 상황이
라 길거리의 낯선 사람에게 혹시 전화기를 빌려줄 수 있는지 부탁
하기로 했다. 얼마나 많은 사람들이 흔쾌히 빌려줄 것이라 생각하
는가?

두 번째 상황에서 당신은 학생이 되어 수업을 수강하러 체육관에 가려고 한다. 그런데 체육관이 어디인지를 모른다. 지나가는 한 학생을 불러 길을 물어보았고, 학생은 체육관의 위치를 알려주었다. 하지만 당신은 거기서 멈추지 않고 동행해주기를 요청했다. 얼마나 많은 학생들이 그러겠다고 했을 것 같은가? 다시 한번 잠시 생각할 시간을 가져보자.

이 시나리오들은 낯선 누군가가 도움을 청했을 때 사람들이 얼마나 응하는지를 알고자 하는 연구자들이 실제로 만든 것이었다. 앞서 휴대전화 실험의 경우, 참여자들은 30퍼센트 정도가 휴대전화를 빌려줄 것이라 예상했다. 체육관 연구에서는 14퍼센트 정도의 사람들이 함께 가줄 것이라 예상했다. 그런데 결과적으로 두 실험 모두 절반에 가까운 사람들이 '그래요.'라고 대답했다(각각 48퍼센트, 42퍼센트였다). 대부분의 사람들이 결과를 들었을 때 놀랐다. 상대방이 아무런 이득 없이 그러겠다고 했기 때문이다.

이와 같은 연구 사례가 또 있다. 코넬대학교의 심리학자인 바네사 본즈와 동료들은 '도움 청하기' 실험을 1만4,000명의 낯선 사람들을 대상으로 했고, 유사한 패턴을 발견했다. 도움을 받고자 하는 사람조차 도움을 주려는 타인의 호의에 대해 너무 비관적인 시각을 가지고 있었다는 것이다. 하지만 현실에서는 생각보다 많은 사람들이 낯선 이에게 도움을 주려고 했다. 어떤 요청을 받았을 때 50퍼센트 정도는 도움을 주었다. 이 결과는 목표 달성에 도움이 될 가장 좋은 요소를 놓치고 있는 대부분의 사람들에 대한 경고와도 같다. 50퍼센트에 가까운 뉴욕 사람들이 배터리가 없는 급한 상황에 처한 사람을 흔쾌히 돕는다는 사실을 알고 난 지금, 주변 사람들 중 당신을 흔쾌히 도와줄 사람은 얼마나 있을 것이라 생각하는가?

여기서 목표 달성 과정에서 다른 이의 도움을 요청하라는 교훈을 얻을 수 있다. 행동통찰팀이 종종 새로운 장소에서 사람들에게 다양한 질문을 하라고 권장하는 이유도 이와 같은 맥락이다.

이 교훈은 자녀교육에 적용되었다. 하버드대학교 교수인 토드 로저스, 브리스톨대학교 교수인 사이먼 버게스, 행동통찰팀의 라지 찬드는 간단한 속임수를 쓴 개입으로 부모가 아이의 교육에 더 직접적으로 도움을 주는 연구를 진행했다. 대부분의 부모는 아이를 여러모로 돕고자 했지만 어디에서부터 어떻게 시작해야 하는지를 몰랐고, 도움이 되지 못한다며 부끄러워하기도 했다.

요즘 아이들은 부모 세대의 교과과목이 아니었던 것들도 다양하게 배우고 있다. 이런 상황에서 연구에 참여한 부모들에게 막 하교하여 집에 들어온 아들이나 딸과 전형적인 대화를 나누는 모습을 상상해보라고 했다. '이번 주말에는 어떤 숙제를 해야 하니?' 부모는 아이가 늘 해왔던 대답을 하리라 생각하면서 묻는다. 아이는 '별거 없어요, 늘 하던 것들이에요.'라고 답한다. 여기서 연구팀은 부모들에게 아이의 교육에 개입할 수 있을 아주 조금의 정보를 더 주었다. 일주일에 한 번 정도 학교로부터 문자를 받을 수 있게 했는데, 문자는 다가올 시험에 대한 사전 정보나 아이의 과학, 수학, 영어 수업에서 배운 내용이었다.

그런 뒤 부모에게 어떤 주제로 아이와 특정 대화를 시도하도록 했다. 다음은 그 문자들 중 하나이다. 잘 살펴보고 이 문자가 부모와 아이의 대화를 어떻게 변화시켰는지 상상해보자.

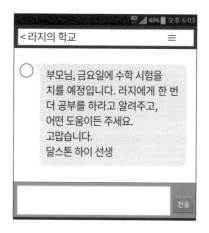

이 문자를 통해 더 구체적이고, 부모가 실제로 할 수 있는 것에 집중하면('한 번 더 공부를 하라고 알려주고'), 대부분의 사람들은 완전히 달라진 대화를 떠올릴 것이다. 이런 상황이라면 부모는 이

아주 작은 생각의 힘

렇게 말할 것이다. '금요일에 수학 시험이 있구나. 복습은 언제 할 예정이니? 내가 도와줘도 될까?'

결과적으로 어떤 대화가 오갔는지는 몰라도 이러한 형태의 개입이 학생의 교육적 결과에 영향을 끼치리라는 것을 짐작할 수 있다. 실제로는 이 간단한 문자 하나가 한 달 동안의 꾸준한 학습과 비슷한 교육적 성과를 가져왔다. 꽤 대단한 성과다. 그리고 그 효과에 힘입어 문자는 큰 인기를 끌었다. 문자 프로그램을 계속할 것이냐는 질문에 부모들은 그저 '그렇다.'라고 대답한 것이 아니라, '더 자주 해도 되느냐?'라고 되물었다. 심지어 아이들도 더 많은 문자가 부모에게 보내지길 원했다!

대학에서도 이 방법이 적용되었다. 매주마다 수업과 시험에 대한 문자가 학생들에게 보내져 빼먹거나 준비하지 못하는 상황을 막아준 것이다. 그러자 더 놀라운 결과가 나타났다. 학생들이 '학습 도우미'로 지명한 사람들에게 문자를 보내고 도우미들이 학생을 도와주어 수업 참석률을 11퍼센트나 높인 것이다.

이러한 연구 결과들은 2011년에 학급에서 '어떤 것이 효과 있는지'를 연구하기 위해 영국 교육부에서 1억 2500만 파운드를 지원하여 설립한 교육기금협회(EEF)에 큰 영감을 주었다. 많은 종류의 유사한 연구들이 '서로 돕는 것의 힘'을 보여주었다.

예를 들면 학교에서 가장 큰 변화를 일으킬 수 있는 프로그램

중 하나는 학생들이 서로에게 '교사'가 되어주는 것이었다. '또래교수'라고도 하는 이 방법은 학생들이 일대일로 짝을 이루어 5개월 동안 교육적인 과정을 함께하는 것으로, 교사 역할인 친구와 학생 역할인 친구 모두에게 도움이 되었고 특히 학습 참여도가 낮은 학생일수록 큰 영향을 받았다. 이러한 종류의 개입은 실제로는 드물지만 큰돈이 들지도 않으면서 모두에게 상당한 효과가 있다.

그런데 이러한 방법을 이용하려면 간단한 전제를 하나 알아두어야 한다. 무엇보다 목표를 가진 사람들끼리 도와야 효과가 있다는 점이다. 이와 유사한 결과는 다양한 분야에서 나타날 수 있다. 금연, 금주, 그리고 체중 감량 프로그램에서도 또래나 같은 처지의 사람들이 서로 도우면 그렇지 않을 때보다 훨씬 효과적이다.

동기를 타인과 함께 공유하는 것은 어렵지 않다. 고립된 혼자만의 전투보다 이끌어줄 능력이 있는 누군가와 함께하는 것이 좋다. 연구 결과들을 살펴보면 더 확실히 알 수 있다. 한 연구 팀은 6일 동안 다른 사람들과 함께 운동을 하면 어떤 결과가 나타나는지를 실험해보았다. 피실험군의 여성들은 여러 소그룹으로 나뉘었는데, 어떤 그룹은 혼자 운동을 했고, 다른 그룹은 파트너와 함께했다. 재미있게도 그 파트너는 실제로 존재하지 않는 가상의 운동 친구였다. 스카이프를 활용해 화면으로 만나는 운동 친구라도 모든 운동 과정을 함께했다.

결과적으로 혼자 운동한 사람보다 파트너가 있는 사람의 운동량이 두 배나 많았다. 어떤 형태든 누군가가 나를 돕고 있을 때 확실한 효과가 있으며, 특히 라이벌이 있어 건강한 경쟁을 하면 더 효과적이다.

따라서 공동의 목표를 두고 함께하는 것이 가장 간단하면서도 쉬운 실행 방법이다. 목표 달성을 도와줄 수 있는 사람을 찾아라. 그리고 그 사람(또는 그룹)에게 도움을 요청할 방법을 생각해보아야 한다. 학교로부터 문자를 받은 부모들처럼 어떻게 도움을 받을지를 알고 나면 기대하는 바가 있을 것이다. 그러니 도움을 필요로 한다는 말과 함께 어떤 도움을 줄 수 있는지를 물어보도록 하자.

| 규칙 2 | 소셜 네트워크(사회적 연결망)를 이용하라

많은 사람들이 생애 첫 번째로 건축을 시도하는 것은 아마 형형색색의 블록일 것이다. 장난감 분야에서 오랜 역사가 있는 가장 유명한 회사인 레고는 1932년 덴마크에서 목제 완구 세트를 만들던 올레 키르크 크리스티얀센이 설립해 큰 성공을 거두었다. 1940년대 크리스티얀센은 2년 동안의 수익을 다른 장난감 공장에서 만들지 못하는 새로운 것을 생산하는 데 투자하기로 하고 플라스틱 사출 성형 기계를 만들었다. 그 후 50년 동안 레고는 공전의 대히트를 기록하며 엄청난 수익을 냈다. 1978년부터 15년 동안 레고는 5년마다 두 배씩 성장해 1993년에 이르러 12억 달러의 수익을 냈다.

그러나 그로부터 10년이 채 되지 않아 파산 위기에 처했다. 2004년 레고는 5년 동안 세 번의 연례 손실을 낸 끝에 대출에 의존하게 되었다. 대단한 성공을 이룬 사업이, 누구나 알만큼 유명한 기업이 어떻게 신뢰를 잃고 추락하게 되었을까?

수많은 경영대학원에서 '큰 성공을 거두었던 무력한 기업', '바뀌는 세상 속의 혁신 불능 상태에 빠진 기업'이 된 레고의 사례를 중점적으로 연구했다. 하지만 레고의 사례는 조금 달랐다. 레고는 혁신 불능이 아니라 또 다른 방향으로 나아간 탓에 추락했다. 혁신에 대한 '노력'의 제어 불능 상태. 즉, 너무 과하게 나아가버린 것이다. 레고는 캘리포니아의 '디지털 장난감'을 사들이고, 뉴욕에서 인터넷 사업을 벌이고, 밀라노에 디자인 스튜디오를 설립했다. 이로써 엉성하게 만들어진 게임이 시장에 나왔고 많은 사업이 확장되었다.

레고에 대해 놀랄 만한 점은 갑작스런 하락이 아니었다. 이후 10년 동안 레고가 위기에 대처했던 방식이었다. 2013년까지 세계에서 가장 많은 장난감을 생산했던 레고는 최대의 라이벌인 마텔이나 하스브로보다 더 큰 기업이었다. 레고의 가치는 150억 달러에 달했다.

경영대학원에서 살펴본 사례 연구 결과, 레고가 다시 본모습을 되찾은 것은 최근 10년 또는 새로운 CEO인 예르겐 비그 크누스 토르프가 회사를 운영한 후부터였다. 레고는 부채를 해결해야 했고, 통제된 현금 유통을 관리해야 했으며, 중점 사업이 아닌 불필요한 사업들을 모조리 정리해야 했다.

그중 극적인 호전의 핵심은 바로 수많은 레고 팬의 강력한 팬심을 활용한 것이었다. 레고는 과거에는 큰 잠재력이 없다고 판단했던 '사회적 연결망·소셜 네트워크'를 이용하기로 했다. 그렇게 '레고 아이디어(LEGO IDEAS)'가 론칭되었다. 간단하면서도 획기적인 레고 아이디어는 2008년 일본에서 시작되어 2011년에는 전 세계적으로 퍼져나갔다. 새로운 생산 라인이나 사업을 생각하는 것보다, 구매자들(레고를 너무 사고 싶어 하고, 만들고 싶어 하며, 보여주고 싶어 하는)의 도움을 받는 것이 통했다. 레고는 열렬한 레고 팬들이 자신들이 좋아하는 제품이 세일 상품이 되기 전에 직접 기획하고 홍보하도록 하는 방법을 선택했다.

레고 아이디어는 누구나 등록할 수 있었다. 모델을 창조적으로 만들고, 사진을 찍고, 설명서를 만들어 레고 웹사이트에 업로드하는 일은 간단했다. 레고는 2년 동안 1만 명의 팬들이 만든 레고 아이디어를 모았다. 이것이 지금까지도 가장 천재적인 아이디어, 최고의 마케팅으로 꼽히는 레고의 혁신적인 방법이었다.

레고는 각 아이디어를 상품화할지 아닐지를 판단하고 설비를 구축했다. 과거에는 상품화 단계에 큰 비용을 들였어야 했고, 성공 여부를 모르는 채로 시도했어야 했지만 이제는 체계가 생겼다. 직원들이 개입하기도 전에 이미 성공 여부가 판가름이 났으며 자연스럽게 성공의 척도가 마련되었다.

또한 빠른 흐름에 대응하기만 해도 즉시 베스트셀러를 만들 수 있었다. 어떤 팬이 가장 좋아하는 게임인 마인크래프트를 레고로 만드는 아이디어를 냈을 때 이틀 동안 1만 표 이상의 공감을 얻었다. 6개월 후 레고 마인크래프트 마이크로는 전 세계 레고샵에 깔렸으며 바로 베스트셀러가 되었다. 블루 제이, 로빈, 허밍버드 등 새를 주제로 한 레고 역시 한 박사가 기획하고 블록으로 미로를 만들어내면서 성공을 거두었다.

레고 아이디어가 팬들에게 매력적으로 다가온 가장 큰 이유는 바로 레고가 직감적으로 고객과의 상호관계를 이해하고 있다는 점이었다. 레고는 그저 아이디어를 수용한 것이 아니라 실제 상품화를 시켰다. 개인이 낸 아이디어를 마지막 단계에 전문가와 함께 발전시켰고, 그 개인을 과정에 합류시켜 판매분에 대한 로열티(상표 사용료)를 받도록 했다.

물론 레고가 사회적 연결망 속에 들어와 혁신을 이끌고 고객

서비스에 제대로 응답한 유일한 기업은 아니다. 전 세계의 많은 기업들이 사회적 연결망을 이용하고 발전해나가고 있다. 기업과 소비자 간의 문제를 함께 해결하는 커뮤니티를 만든 애플부터 '두 어스 어 플레이버(Do Us a Flavor)' 캠페인을 통해 소비자와 함께 새로운 맛을 개발하는 레이즈까지, 기업은 소셜 네크워크를 기반으로 많은 성장을 하고 있다. 그리고 기업이나 기관뿐만이 네트워크를 이용할 수 있는 것은 아니다. 사람들의 일상 속에도 이미 많이 활용되고 있는 소셜 네트워크의 힘에 대해서는 더 이상의 언급이 필요 없을 정도다.

행동통찰팀은 이를 새롭고 확실한 방법으로 보여주기 시작했다. 이 장의 첫머리에서 앤디의 금연 시도가 사회적인 영향을 얼마나 받았는지를 살펴보았다. 유사한 효과가 선진국에서 가장 이슈가 되는 문제들과 관련해 나타나고 있다.

이를테면 '비만'과 같은 문제이다. 대부분 비만은 지극히 개인적인 문제라고 생각할 것이다. 얼마만큼 먹느냐, 운동을 얼마만큼 했느냐와 관련 있기 때문이다. 하지만 외국 여행을 가본 사람이라면 비만이 지역적으로 다른 비율로 나타난다는 사실을 알 것이다. 많은 원인 중 하나는 바로 일상 속에 자리 잡고 있는 사회적 연결망의 광범위한 영향이다.

이 현상에 대해 가장 탁월한 분석으로 평가받는 연구가 1971년부터 2003년까지 1만2,000명을 대상으로 반복적인 몸무게 측정을 통해 이루어졌다. 전례 없는 규모로 이루어진 이 연구의 범위와 깊이는 사회적 연결망의 영향에 대해 알아보기에 충분했다. 연구 결과는 앤디의 금연 사례와 아주 유사했다. 비만은 순전히 개인적인 문제가 아닌 실로 사회적 연결망 속을 누비고 있다. 임의의 네트워크 속에서 비만의 위험은 비만인 사람과 직접적인 연관성이 있는 사람에게서 45퍼센트나 높은 확률로 일어났다. 즉 친구나 동료, 가족이 비만이라면, 자신 역시 비만이 될 확률이 높았다. 흡연 연구와 마찬가지로 연구자들은 친구의, 친구의, 친구가 비만일 때 조금 더 비만에 가까워진다는 것을 알아냈다. 세 단계나 떨어져 있는 사이이긴 하지만 사회적 연결망의 영향을 받는다는 사실은 분명하다.

소셜 네크워크의 힘을 알고 나면 어떻게 그리고 왜 그것을 활용해야 하는지를 재고하게 된다. 스스로 목표에 대해 고려할 때엔 목표 달성에 필요한 사회적 연결망만이 아니라, 노력을 저하시키는 요소에 대해서도 생각해봐야 한다.

자신만의 사회적 연결망을 어떻게 성공적으로 이용할 수 있는지를 명료하게 입증할 수 있는 간단한 기술들이 많이 있다. 가장 좋은 기술 중 하나인 '호혜고리(Reciprocity Ring)'는 사회학자인 웨인 베이커와 그의 아내인 셰럴, 그리고 유명한 행동과학자인 아담

아주 작은 생각의 힘

그랜트가 만들었다. 사람들은 일할 때나 놀 때 종종 광범위하고 강력한 사회적 연결망에 노출되어 있지만 네트워크가 온전히 활용되는 구조를 깨닫지 못한다. 호혜고리는 사람들이 물리적으로 고리를 이루어 함께한다는 것으로, 도움을 필요로 하는(정말 원한다고 한 사람에 한해서) 사람을 돕는 것이다. 호혜고리는 도움을 필요로 하는 사람이 목표 달성을 하도록 돕는 생각을 하는 데서 시작한다. 직접적인 도움과는 다르며, 사회적 연결망을 지렛대 삼아 불가능했던 것을 가능하게 한다.

그랜트가 호혜고리를 그의 학생들에게 사용하자 처음에는 회의적이었던 학생들은 이내 놀랄 만큼 많은 도움을 주고받았다. 예를 들어, 학생들 중 한 명이 테마 파크를 너무 좋아한 나머지 꿈이 식스 플래그스라는 놀이 공원의 체인을 운영하는 것이라고 말했는데, 이를 들은 학생 중 하나가 전 CEO와 아는 사이어서 실제로 두 사람이 만날 수 있게 해주었다.

행동통찰팀이 모두를 모이게 하고 고리를 형성하여 사회적 연결망을 통한 도움을 주고받도록 했을 때, 결과적으로 각기 다른 분야마다 10개가 넘는 도움 요청이 생겼다. 한 직원은 나는 방법을 배우고 싶다고 했다. 누가 연결고리를 갖고 있을 수 있었을까? 놀랍게도 많은 동료들이 자신은 아니더라도 도움을 줄 수 있는 다른 이를 알고 있었다. 영국 공군 훈련을 받은 정부 관료부터 최근에

승진한 민간 항공기 조종사까지, 아는 사람들이 총동원되었다.

비만 연구 사례처럼 사회적 연결망이 얼마나 멀리, 넓게 퍼져 있는지를 알게 되면 매우 놀라울 것이다. 그리고 그것을 두려워하지 말고 이용하여, 목표 달성에 효과적인 요소가 될 수 있도록 하는 것이 바로 소셜 네트워크의 적절한 활용법이다.

개인 또는 다른 사람의 사회적 연결망을 이용하는 방법은 매우 다양하다. 행동통찰팀 내에서도 '넛지 네트워크'라고 일컫는 프로그램이 있는데, 이는 타인의 행동을 바꾸는 것뿐만 아니라 또 다른 타인의 행동 변화를 돕는 데 목적이 있다.

행동통찰팀의 연구팀 수장인 마이클 샌더스는 투자 은행가들로 하여금 하루 일당(충분한 금액의)을 좋은 일에 쓰도록 하는 새로운 방법을 고안하기 위해 실험을 했었다. 마이클은 콧대 높은 투자 은행가들이 모금 행사에서 파는 사탕 바구니에 다른 곳에서보다 두 배나 더 많이 기부한다는 것을 알아냈다. 바구니 재료비와 기부금은 1,000배나 차이가 났다. 즉 호혜고리가 실행된 것이다. 하지만 그 효과는 시간이 지나면서 사라졌다. 작년에 사탕 바구니를 샀던 투자 은행가에게 다시 사탕 바구니에 기부하라고 하니 여전히 많이 기부를 했지만 그전 해에 비해서는 적었다.

그래서 이듬해에 마이클은 투자 은행가들에게 직접 기부하라고 하지 않고 그들의 동료나 주변 사람들에게 기부를 제안하라고 했다. 그것은 그동안 해온 기부 활동 중 가장 효과적인 개입이었고, 결과적으로 엄청난 액수의 기부 문의가 쇄도했다. 개인의 이익 추구를 우선시하는 걸로 유명한 투자 은행가들을 제대로 사회적 연결망 속에 넣은 덕분에 기부금은 네 배나 늘어났다.

21세기의 온라인 사회적 연결망(페이스북, 트위터, 인스타그램 등)의 도래로, 과거에는 상상하지도 못했던 연결고리를 얻을 수 있게 되었다. 이제 소셜 네트워크의 활용 가능성은 도전할 문제가 아니다. 어떻게 하면 더 효과적으로 활용해 목표 달성에 연결시키느냐가 새로운 과제가 되었다.

| 규칙 3 | 집단(그룹)의 힘을 이용하라

전 세계의 행동통찰팀은 해마다 2월에 시작되는 어떤 프로그램 때문에 흥분으로 가득하다. 런던 사무실에서는 회계 관리자인 올리버가 창고에 철봉을 설치한다. 추운 겨울에도 실내 운동을 하기 위해서다. 행동통찰팀의 최고 관리자인 데이비드 할페른은 이미 한 손 철봉 능력자로 유명하다. 굵직한 건강 프로그램을 만들어온 휴고는 더 많은 운동을 위해 준비를 한다. 운동과는 거리가 먼 아리엘라도 운동화에 쌓인 먼지를 턴다. 시드니 지사의 굴리엘모, 에드, 라비는 호주의 햇살을 받을 야외 운동을 계획해서 터치럭비, 라운더스(야구 비슷한 경기), 단체 활동을 준비한다. 싱가포르 지사에서는 줌바 클래스를 시작해 많은 참여를 권했다. 반면, 최근 신설된 뉴욕 지사에서는 모두가 오로지 일에만 몰두하길 바란다는 것을 알게 되었다.

이렇듯 2월 한 달 동안 행동통찰팀의 사무실들은 '2월의 운동 챔피언십'을 개최하여 서로 경쟁한다. 이 프로그램은 몇 년 전 로리가 시드니 지사로 옮긴 후 런던 사무실에 도전장을 내면서 시작되었다. 그 후 2월마다 각 사무실들은 경쟁했고 '2월의 운동 챔피언십'을 통해 여러 포인트를 축적해나갔다.

포인트는 운동과 건강한 음식 먹기 도전에 한해서만 얻을 수 있다. 누구든 건강한 습관을 통해서 포인트를 얻을 수 있어 매일 20분 운동하기, 음주 없는 날 보내기, 채소 먹기 등 다양한 도전이 실행되었다. 1주간 꾸준히 도전하는 것으로도 보너스 포인트를 얻을 수 있는데, 예를 들어 전형적인 '비건강식품'을 '건강식품'으로 바꾸어 섭취하기가 있다. 그러자 싱가포르 지사는 건강 식단을 만들었다. 달걀 프라이와 감자튀김, 요거트와 신선한 복숭아, 사과로 채운 식단이었다. 직원들의 건강에 대한 결과는 예상과 다르지 않았다.

이런 경쟁에는 그릇된 방향성으로 인한 역효과가 일어나기 쉬운데 개인 대 개인일 경우 특히 그러하다. 행동학적으로 결과는 불을 보듯 뻔하다. 이미 운동을 많이 하던 사람들은 흔쾌히 더 많은 운동을 할 것이고, 노는 것을 더 좋아하는 사람들은 금방 포기하고 쉬려고 할 것이다.

하지만 점수를 매기는 시스템을 도입해 참가자들이 개별적으로도 점수를 따면서 팀제로 승부가 결정나도록 하면 결과는 달라진다. 완전히 다른 형태의 행동양식이 일어나는 것이다. 그리고 행동통찰팀에서는 각 지사마다 뒤떨어지는 동료들을 위해서 보상을 적용하였다. 동료와 함께 운동을 하거나 사무실 전체의 운동을 기획(매일 5분간 모두가 운동을 하면 하루 운동 시간을 다 채울 수 있었다)하면 더 많은 포인트(2배에 상응하는)를 주었다.

모두가 역할을 분담한 사무실에서 협동 작업에 참여하지 않기란 정말 어려운 일이다. 당연하게도 포인트 시스템 역시 함께하는 흐름 없이는 돌아가지 않는다. 2016년 런던 사무실은 고의적으로 2월의 운동 챔피언십에 맞추어 스키 여행을 계획했다. 결과적으로 운동 분야에서 수백 포인트를 추가로 얻게 되었다. 물론 이전에도 운동을 꺼리는 동료들은 다른 동료로부터 참가를 지속적으로 권유받고 용기를 얻었다.

단체나 집단을 이루면 개인일 때보다 더 나은 결과를 얻고 목표에 더 쉽게 도달한다는 사실은 이제 별로 놀랍지 않다. 인간의 위대한 업적들을 살펴보면, 대부분이 협업에 의한 것이나 큰 그룹을 형성해 이룬 것들이다.

협업에 관한 유명한 일화가 하나 있다. 존 F. 케네디가 NASA 우주 센터에서 청소를 관리하는 사람에게 '당신은 무슨 일을 하느냐?'라고 물었다. 그러자 그는 '대통령 각하, 저는 사람들이 달에 착륙하는 것을 돕고 있습니다.'라고 말했다. 팀을 이루어 함께하지 않으면 절대 이룰 수 없는 위대한 일들이 있다. 하지만 사람들은 너무나도 쉽게 목표를 개인적인 것으로 치부해버리고, 스스로를 타인으로부터 고립시킨다. 그룹을 이루어 일하는 것이 대부분의 분야에서 일반적이고 효과적임에도 불구하고 말이다.

흡연을 예로 들어보자. 전체 인구를 대상으로 통계를 낸 흡연율을 살펴보면, 개인이나 흡연 그룹의 수는 줄어들어도 흡연 집단의 규모는 여전히 건재하다는 것을 알 수 있다. 처음에는 이것이 아주 역설적이라 여겨졌다. 흡연의 전체 인구가 감소하면, 집단 규모도 감소하는 것이 자연스럽기 때문이다. 당연히 집단의 금연도 동시에 일어나지는 않는다. 그렇다면 집단의 규모는 대략 일정하게 유지될 것이라 생각될 것이다. 이는 '사람들은 개인적으로 금연하지 않았지만 집단적으로는 금연하게 되었고, 여전히 금연을 희망하는 사람들은 금연 단체나 집단의 도움을 받고 있는' 결과로 나타났다. 다양한 목표들과 관련한 많은 분야에서 이것이 증명되었다.

체중 감량을 예로 들어보자. 가장 성공적으로 집단의 효과를 본 것이 바로 체중 감량이며 혼자 시도했을 때보다 참여자끼리 서로 도우며 함께했을 때 훨씬 결과가 좋았다. 체중 감량 서비스를 제공하는 미국 기업 '웨이트 와처스(Weight Watchers)'의 프로그램을 연구한 결과도 마찬가지였다. 772명의 사람들(비만이었던)이 연구에 참여했는데 그룹에 속하지 않았던 사람들보다(2.25킬로그램 감량) 함께 프로그램에 참여한 사람들이 두 배 이상의 체중을 감량(5.06킬로그램 감량)했다.

비슷한 효과는 완전히 다른 분야에서도 일어난다. 이를테면 그룹 역학에 그다지 예민할 것 같지 않은 '예금'에서도 그룹의 효과는 상당했다. '함께 예금하는 동료'로 이루어진 그룹을 연구했을 때 놀라운 사실을 발견했다. 그룹에 속한 구성원들은 예금 목표를 공유하고 공언한 뒤 서로 모니터를 해주었다. 그룹 역학은 약속과 피드백이 더해진 것이다. 이에 비해 혼자 예금하는 몇몇 사람들에게는 기준점(0.3퍼센트)보다 높은(5퍼센트) 금리가 보상으로 주어졌다. 연구자들은 그룹 구성원들이 혼자 예금할 때보다 함께했을 때 더 많은 금액을 예금할 수 있는지를 알아보았다. 결과적으로 그룹 예금 계획이 착수금의 두 배가 넘는 예금액을 기록했다. 높은 금리가 주어지는 개인적 예금보다 훨씬 많은 액수였다.

집단을 만들어 함께 작업을 한다고 하면 모두가 같은 장소에서 동시에 하는 활동을 주로 상상한다. 하지만 이제는 온라인과 상호 연결이 손쉬운 시대에 살고 있기 때문에 가상 네트워크나 온라인 그룹의 도움을 충분히 받을 수 있다.

이러한 현상은 직업 위주의 삶과 업무와 관련한 목표에 관련해서 더 뚜렷해졌다. 행동통찰팀은 그룹의 결정이 얼마나 강력한 힘을 가졌는지를 알아보는 실험을 했다. 적절하게 잘 만들어진 그룹이라면 한 명의 전문가가 홀로 작업하는 것보다 훨씬 현명하고 좋은 결과를 이뤄냈다.

1906년 과학자 프란시스 갈톤은 이를 아주 훌륭하게 이용했다. 그는 영국 서부 지역 가축 박람회에 방문했을 때 한 대회에 매료되었다. 800명의 사람들이 각자 6펜스를 내고 '도축되고 손질된' 소의 무게를 맞추는 대회였다. 갈톤은 몇몇의 전문가(농부나 도축업자)가 있기는 하지만 많은 일반인들에게 기회를 줌으로써 민주주의 절차를 잘 표현한 행사라고 평가했다. 갈톤이 흥미로워했던 것은 집단이 얼마나 근사치에 접근할 수 있는지였다. 놀랍게도 농장 가축의 몸무게 맞추는 이 대회에서 집단의 역할이 상당했다. '이 특별한 사례는 군중의 목소리가 실가(實價)에 1퍼센트라도 더 근접하다는 것을 보여준다.'고 그가 말했다.

당시 영국에서 유권자가 표를 행사하려면 특정한 형태의 재산이 있어야만 했다. 갈톤은 군중의 추측과 개개인의 추측을 비교하는 데 관심이 많았다. 그리고 투표 결과가 결정에 어떤 영향을 끼치는지에 대해서도 흥미를 가지고 있었다. 그는 참가자들이 제출한 숫자 카드를 빌려 정리한 뒤 '나는 이 결과가 민주적인 판단은 믿을 만하다는 사실을 보여줄 정도로 예상보다 훨씬 훌륭하다고 생각한다.'라고 결론지었다. 갈톤의 관찰 결과는 여러 방면에서 활용되었고, 이후의 연구자들은 '군중'이 언제나 '개인'보다 똑똑하다는 판단을 내렸다.

하지만 큰 집단을 이룬 사람들이 더 정확한 결과를 만드려면 다양한 의견이 필요하다. 예를 들어 인플레이션이 심화될지를 예상하고자 할 때엔, 경제학자들 그룹만이 아니라 작은 기업 운영자들이나 재정적 부담을 느끼는 편부모들의 의견도 필요하다. 연구 결과, 이 세 부류의 예상을 한데 모은 것이 전문 경제학자 한 명의 의견보다 더 정확하다는 것이 밝혀졌다. 각각 다른 지식과 경험을 가지고 있고, 그것을 토대로 유추할 수 있기 때문이다.

중요한 것은 이들의 예상이 각각 독립적인 형태여야 한다는 것이다. 기업 운영자들이 경제학자나 편부모가 먼저 낸 의견에 대해 참견해서는 안 된다. 게다가 통합된 관점의 방식을 명확히 해야만 문제에 대한 이질적 견해를 단순히 모으는 것에서 끝나지 않는다. 이런 조건들이 충족된다면 집단을 능가하는 전문가는 존재하기 힘들 것이다.

흥미롭게도 다양성은 작은 집단의 성과를 향상시키는 요인이 되기도 한다. 영국의 훌륭한 저자이자 평론가인 팀 하포드는 최근에 '대부분의 사람들이 친구나 익숙한 사람과 함께 일하기를 원하지만, 사실 낯선 사람이 들어오면 전체적인 성과를 더 높일 수 있다.'는 주장을 내놓기도 했다. 따라서 함께 일하는 팀을 짜려면 의도적으로 각기 다른 기술과 배경을 가진 사람들을 고려하는 것이 좋다.

행동통찰팀은 이를 활용하여 기관의 목표에 도움이 되는 요소들을 모았다. 그룹을 이루어 함께 일한다는 것은 좋은 생각이나, 각자 역할을 어떻게 수행하는지도 중요했다. 그래서 '집단적 사고'의 단점을 극복하기 위해 브레인스토밍을 해보았다. 이는 집단 구성원이 어떤 문제에 관하여 서로 의견이나 아이디어나 정보 등을 교환하고 토의하여 집단의 견해를 집약하는 과정이다. 자료들을 수집하고 통계를 낸 후 보고서를 작성하면서 외부의 프로젝트 팀에게 평가를 부탁하고 비판적이고 객관적인 도움을 청했다.

그리고 새로운 채용 프로그램을 고안할 때에는 온라인 플랫폼을 만들어 집단의 의견이 채용 결정에 도움이 되도록 했다. 플랫폼은 '어플라이드(Applied)'라는 시스템으로, 팀장급을 채용할 때 다양한 사람들을 골라 인사에 참여하도록 하면서 활용했다. 이를테면 중간급 관리자들이 각각 다른 점들을 관찰하고(이 사람이 좋은 팀장이 될 수 있을 것인가?), 그다음 상위 관리자들이 확인하는(이 사람이 고급 분석 연구를 잘 수행할 것인가?) 방식으로 진행되었다. 팀원들은 각각의 독립적인 질문에 대한 성실한 대답에 집중했다. 각 참여자들은 서로 영향을 받지 않았고 점수를 매기는 대상에 대한 사전 정보도 없었다. 어플라이드 시스템은 모두의 대답들을 통합했고, 다음 단계를 위해 몇 명을 참여시킬 것인지를 고용될 팀장이 직접 결정하도록 했다. 이 시스템의 활용으로 수집된 엄청난 양의 데이터는 철저히 분석하여 채용에 변화를 주었다.

최근에는 학부 졸업생을 채용할 때 이 연구 실험이 시행되었다. 지원자들을 전통적인 채용 절차와 어플라이드 시스템 절차를 동시에 적용하여 평가하되, 어떤 방식이 최고의 직원을 뽑는 데 더 도움되는지를 살펴본 것이다. 안타깝게도 전통적인 채용 절차를 통한 60퍼센트의 인턴들이 행동통찰팀과 함께하지 못하게 되었다.

이 같은 사례들은 보통 목표를 개인적인 것으로 여기지만 실제로는 누군가와 함께할 때에 더 적극적이며 잘 수행해낸다는 사실을 보여준다. 공통된 목표를 공유하고 함께 나아가는 힘은 강력하다. 집단이 모은 지혜는 더 나은 결정에 큰 도움이 된다는 사실을 꼭 기억하자.

‘백지장도 맞들면 낫다.’, ‘문제를 나누면 반은 해결된다.’는 말을 들어보았을 것이다. 목표를 달성할 때에도 마찬가지다. 누군가의 도움을 받는 것보다 혼자 해결하는 것이 더 낫다는 생각을 너무 많이 하고 있지는 않은지 되돌아보자. 하지만 사실은 정반대가 더 옳을 수도 있고, 타인이 나의 목표 달성에 매우 필수적인 역할을 수행할 수도 있다. 이 장에서 나눔의 세 가지 방법을 알아보았고 실로 엄청난 효과가 있다는 것을 확인했다.

간단하게 요약하자면 ‘다른 사람에게 도움을 청하면 된다.’는 것이다. 타인이 도움을 주는 것에 대해 얼마나 호의적이며 돕고 싶어 하는지를 알면 놀랄 것이다. 그리고 그 도움으로 인한 결과에 또 한번 놀라게 될 것이다. 당신은 사회적 연결망을 통해 더 나아갈 수 있다. 원하든 원하지 않든 간에 친구나 가족, 그리고 동료들은 이미 당신의 삶 속에서 중요한 영향을 끼치고 있다. 그것을 활용하고 어떻게 목표 달성에 적용할지를 몰랐을 뿐이다. 다시 강조하지만 이것이 자신만을 위한 일이 아님을 명심해야 한다. 타인에게 도움을 청하는 일은 다른 사람을 내가 도울 수 있는 또 다른 기회를 만들어준다.

마지막으로 집단의 강력한 영향력을 알게 되었을 것이다. 목표를 공유한 집단(체중 감량, 예금, 팀 프로젝트 등), 또는 결정에 도움이 될 통합된 지혜는 실로 엄청난 효과가 있다. 인간은 사회적인 동물이기 때문에 어떤 방법을 활용하든 '나눔'은 더욱 빛을 발한다. 이 모든 개념들을 완전히 이해한다면 지극히 개인적인 목표도 누군가와 함께하면 훨씬 낫다는 점을 깨닫게 될 것이다.

6장

행동 변화와 목표 달성을
위한 '피드백'

THINK
SMALL

목표와 관련하여 지금의 위치를 파악하라.
그리고 피드백이 지극히 개인을 위한 것이기를 바란다면 어떤 것을 계속할지
또는 변화시킬지를 명확히 해야 한다.
그리고 가능한 한 목표에 가까운 것으로 설정하라.
마지막으로 다른 사람들과 비교하라.
어떤 상황에서는 다른 사람과의 비교가 가장 강력한 피드백이 된다.

2011년 영국 정부 최고의료담당자(Chief Medical Officer) 데임 샐리 데이비스 교수는 전 세계 언론의 헤드라인을 장식할 만큼 놀라운 주장을 내세웠다. 항생제 내성의 증가로 인해 감염과의 전쟁에서 인간이 패하고 있다는 것이었다. 게다가 사안의 위험성이 매우 높으므로 테러와 민간 비상사태, 사이버 공격과 함께 이를 영국의 국가안보 위험요소에 등록해야 한다고 말했다.

항생제 내성은 세균과 같은 미생물이 반응을 변화시켜 감염 치료 약물의 효과가 없게 만드는 것이다. 데이비스 교수에 따르면 지난 50년 동안 발명한 백신과 약물이 여러 종류의 감염들을 막아내고 있었다. 하지만 약물에 대한 내성 또한 변화하고 강해지기 시작해 재빠르게 대응하지 않으면 앞으로 50년 동안 급격한 변화가 있을 것이라 예상했다. 쉽게 제어 가능했던 질병과 감염도 건강에 위협적인 존재로 변할 수 있다는 의미다.

의사의 능력에 의존했던 고관절 대치술, 항암화학요법, 장기이식 등의 일반적인 수술 절차와 치료가 갑자기 더 위험해질 수 있는 것이다. 항생제 내성 문제는 하루아침에 해결되는 것이 아니다. 새로운 약물과 치료 과정이 개발되어야 한다. 더 큰 문제는 항생제 내성이 약물만의 문제가 아니라는 것이다. 그것은 인간의 행동과도 관련이 있다. 처방받은 대로 복용 또는 처치하지 못하거나, 필요 이상의 약 처방을 요구할 때마다 내성을 키우는 셈이다.

어떤 해결 방안이든 약물 그 자체만큼 인간의 행동양식을 연구할 필요가 있다고 판단한 행동통찰팀의 건강관리자 마이클 홀스워스는 깊은 고민에 빠졌다. 마이클과 영국 보건부, 그리고 공중위생과 팀원들은 의사들이 어떤 피드백을 받으면 일반인들처럼 더 수용적인 태도를 보이는지를 알아보기 시작했다. 그들은 영국 전역의 지역 보건소들의 정보를 수집하고 분석했다. 그리고 이를 지역마다 항생제 처방을 가장 많이 한 상위 20퍼센트의 의사들을 알아보는 데 활용했다.

그런 뒤 과도한 처방을 한 그룹의 절반 정도에게는 최고의료관리자의 서명이 포함된 편지를 발송했다. 편지에는 의사들의 처방

습관에 대한 피드백과 처방전을 줄이기 위해 즉시 해야 할 세 가지의 방법이 포함되어 있었다. 이를테면 의사들은 환자들에게 '지연처방전'을 줄 수 있었다. 즉, 지금 당장이 아닌 나중에, 증상이 계속될 때에 복용하도록 하는(가까운 미래를 위한) 처방전인 것이다. 이런 조언과 함께 다른 의사들과의 차이점도 전달했다. '당신 지역의 대부분(80퍼센트)의 의사들이 항생제 처방을 훨씬 적게 했다.'는 내용이었다.

마이클과 그의 팀은 피드백 편지를 받은 의사들과 받지 않은 의사들의 후속 행동양식을 비교했고 피드백의 영향력에 놀라게 되었다. 6개월 동안 피드백 편지를 받은 보건소의 의사들이 그렇지 않은 의사들에 비해 약 7만3,400건이나 항생제 처방을 적게 한 것이다.

여기서 잠시 연구 결과에 대해 생각해보자. 약물의 효능이 변했다거나 재정적 보상이 있었던 것도 아니었다. 의사들은 중앙정부가 평가했다는 데 충격을 받았다. 이미 하고 있었던 일에 대한 피드백과 기존과 다른 처방을 해보라는 조언을 들었을 뿐이었다. 또한 상대적인 평가였음에도 의사들은 그전보다 항생제 처방을 훨씬 적게 내렸다.

오래전부터 피드백은 행동 변화와 목표 달성을 돕는 데 탁월한 효과가 있는 도구로 여겨져왔다. 그 이유는 단순하고 간단하다.

목표와 관련하여 얼마나 잘 해내고 있는지 모른다면 앞으로 나아가는 것이 쉽지 않다. 좋은 피드백은 그저 내가 지금 어디에 서 있는지를 아는 것 이상의 효과가 있다. 더 나은 과정을 위해 어떤 행동을 취해야 하는지와 동시에 다른 사람들이 나와의 관계 속에서 어떤 역할을 하고 있는지를 깨닫게 되기도 한다. 물론 피드백을 체계적으로 사용하고 수집하는 데 실패하기도 한다. 이번 장에서는 나와 다른 사람의 동기부여에 원동력이 되어줄 효과적인 피드백의 체계를 간단하게 만들어보고자 한다. 피드백의 세 가지 황금 규칙은 다음과 같다.

- 목표와 관련하여 지금의 위치를 파악하라.

  목표에 관해 현재의 위치를 보여줄 정보를 모을 수 있어야 한다.

- 시기적절하게, 구체적으로, 실행 가능하게, 스스로의 노력에 중점을 두고 이루어라.

  피드백이 지극히 개인을 위한 것이기를 바란다면 어떤 것을 계속할지 또는 변화시킬지를 명확히 해야 한다. 그리고 가능한 한 목표에 가까운 것으로 설정하라.

- 다른 사람들과 비교하라.

가능하다면 자신이 다른 사람들에 비해 얼마나 잘하고 있는지 알아보자. 어떤 상황에서는 다른 사람과의 비교가 가장 강력한 피드백이 된다.

| 규칙 1 | 목표와 관련하여 지금의 위치를 파악하라

유년 시절 '핫 오어 콜드(Hot or Cold, 뜨겁거나 차갑거나)'라는 게임을 해본 적이 있다면 피드백이 얼마나 유용한지를 잘 알고 것이다. 이 게임은 어딘가에 숨어 있는 보물을 찾는 것으로 주어지는 정보는 단 하나이다. 보물에 가까워지면 핫(뜨거워), 멀어지면 콜드(차가워)라는 정보가 주어지는데, '지금은 차가워, 아직 차가워, 더 차가워졌어, 더 따뜻해졌어, 따뜻해졌어, 뜨거워졌어, 뜨거워, 아주 뜨거워!'와 같은 정보를 받을 수 있다. 아주 뜨거워지면 보물을 찾을 수 있다. 누군가의 지속적인 가이드가 있기에 궁극적인 목표에 대해 지금 자신의 위치와 상황을 알 수가 있다.

어른들의 세상에도 이와 비슷한 피드백을 받는 경우가 있다. 처음 운전을 배울 때를 생각해보자. 대부분의 사람들은 '멈추거나 출발하거나'의 상황을 경험한다. 처음이라 액셀러레이터를 밟는 게 겁이 났을 것이다. 종종 너무 밟아 엔진의 속도가 과해지거나 (차가워!), 충분히 밟지 못하거나(더 차가워졌어!), 출발 전에 균형을 잡을 것이다(더 뜨거워졌어!). 처음 브레이크를 밟을 때에도 급정거(차가워!)를 했을 것이다.

하지만 시간이 지나면서 적절한 밟기(따뜻해졌어!)와 부드러운 회전을 위한 적당한 속도(뜨거워!)를 알게 된다. 그리고 브레이크와 페달, 휠을 이용하는 모든 순간마다 즉각적인 반응이 온다. 차량이 움직이고 (또는 움직이지 않고), 원하는 방향으로 가는 (또는 다른 방향으로) 것이다.

차량의 피드백은 원하는 장소로 이동할 때 적당한 속도와 방향을 배울 수 있도록 해준다. 이는 좋은 피드백을 설명해주는 훌륭한 예이다. 피드백은 그저 장소에 대한 정보뿐만이 아니라 지금 어디에 있는지를 알게 해주는 것이다.

어디로 가야 하는지와 마찬가지로 '지금 어디에 있는지'에 중점을 둔 효과적인 피드백에 대해서도 많은 연구들이 나와 있다. 소비 시장에서도 그 증거를 충분히 찾을 수 있다. 트립어드바이저, 이베이, 옐프와 같은 온라인 시장을 살펴보자. 옐프에서 연달아 이용자의 5개의 별을 받은 식당은 이듬해 매출이 5~9퍼센트나 상승했다. 이처럼 온라인에서 접하는 다른 구매자들의 피드백은 시장의 형태를 변화시킬 수 있고 최고의 가치나 고품질을 제공하는 비즈니스의 새로운 도구가 되었다.

마찬가지로 개인적인 목표를 향해 달리는 사람들에 대한 연구에서도 강력한 피드백의 영향력이 입증되었다. 이와 관련한 초기 연구들은 현존하는 최고의 심리학자로 알려진 알버트 반두라에 의해 시행되었다. 그중 가장 흥미로운 연구는 반두라가 동료인 다니엘 서보니와 학생들을 서로 다른 그룹으로 나누어 힘든 자전거 운동을 하도록 한 연구였다.

첫 운동을 끝낸 후 첫 번째 그룹은 도전할 목표를 정하게 되었으나 피드백은 받지 않도록 했다. 그들의 목표는 다음에 40퍼센트 정도 더 운동 능력을 향상시키는 것이었다. 자전거 운동을 5분할 때마다 '목표'에 대해 상기할 수 있도록 알림을 받았다. 두 번째 그룹은 피드백을 받았다. 이전보다 얼마나 잘하고 있는지에 대한 상대적인 피드백이었다. 대신 그들은 목표 설정을 하지 않았다. 마지막으로 세 번째 그룹은 목표와(첫 번째 그룹과 같은) 피드백 두 가지를 모두 받았다. 즉, 세 번째 그룹만이 달성해야 할 목표와 관련한 피드백을 모두 받게 된 것이다. 결과는 이 조합이 얼마나 영향력 있는지를 여실히 보여주었다.

결론적으로 세 그룹의 운동 능력은 향상되었다. 하지만 명확한 목표에 대해 현재의 상황에 대한 피드백을 받은 학생들은 목표만 있는 학생들이나 피드백만 있는 학생들보다 두 배 이상 실력이 향상되었다. 그러므로 정보만으로는 충분하지 않다. 피드백을 효과적으로 활용하려면 자신이 얼마나 잘하고 있는지, 또한 얼마나 목표와 연관되어 있는지를 알아야 한다.

문제는 삶 속에서 이런 피드백을 받는 게 힘들다는 것이다. 개인적인 목표나 직장 내의 프로젝트를 완수하기 위해 달려갈 뿐 멈추고 되돌아보기가 어렵기 때문이다. 모든 일들이 운전 연수처럼 설정되어 있지 않고, 행동과 결과의 관계를 즉각적으로 이해할 수 있는 기회가 그리 많지 않다.

행동통찰팀은 피드백의 중요성에 비해 피드백이 결여되어 있는 분야들이 생각보다 많다는 사실을 알게 되었다. 뉴욕 지사의 수장인 엘스페스 커크만은 사회복지사의 의사결정이 개선되는 과정을 통해 특별한 사실을 발견했다. 사회복지사들은 의사결정의 장기적 결과로 어떤 일이 벌어지는지 전혀 인지하지 못했고, 어떠한 피드백도 받지 못하고 있었다. 엘스페스는 의사결정의 장기적인 영향력과 그 결과를 되짚어볼 피드백의 고리를 사회복지사와 지역 간부들이 함께 만들도록 제안했다. 피드백은 시간이 지나면서 사회복지사가 내린 어떤 의사결정이 어떤 상황에서 아이들에게 가장 효과적이고 긍정적인 결과를 낳는지를 알게 해주었다.

사회복지사의 의사결정이 개인의 목표와 너무 동떨어진 이야기라 생각될 수도 있겠지만 주요 구성 요소는 같다고 볼 수 있다. 우선 목표에 대해 고려할 때 현재의 위치를 파악할 수 있는 정보를 찾아야 한다. 앞에서의 조언들을 수용했다면 당신은 장기적인 목표를 위한 출발점에 서 있을 것이고 목표 달성을 위한 단계들을

아주 작은 생각의 힘

결정했을 것이다.

피드백을 받는 것은 몸무게를 어느 시점마다 잴 것인지를 정하는 것만큼이나 간단하다. 특정한 날에 마라톤을 계획하고 세부적인 연습 단계들을 설정했다는 가정을 해보자. 각 단계들과 관련하여 자신이 얼마나 잘 해내고 있는지 궁금할 것이다. 그것은 10킬로미터당 달리는 속도, 연습 계획 이행 현황, 언덕을 오르는 속도, 체력 단련의 정도 등으로 판단할 수 있다. 이때 앱으로도 간단하게 피드백을 받을 수 있다. '스트라바'라는 달리기 전용 앱은 전체 달리기 속도를 측정해줄 뿐만 아니라 매 시간의 기록을 확인할 수 있다. 또한 이 앱은 달리기 능력이 얼마나 향상되는지, 지금 현재 상태는 어떠한지를 알아보고 다른 사람과 비교도 할 수 있어 매우 유용하다.

피드백은 잘못된 부분을 알려주는 역할만 하는 것이 아니다. 궁극적인 목표에 다가가는 과정과 그 영향력을 보다 나은 것으로 바꾸어가도록 해준다. 그리고 중요한 한 가지가 더 있다. 바로 우리가 감정에 의존하는 '인간'이라는 점이다. 우리는 무언가가 만들어지는 과정을 알고 느끼고 싶어 한다. 피드백 시스템은 이 감정을 최대화할 수 있는 도구이다. 이와 관련해 란 키베츠가 시행한 연구가 있다. 그는 카페에서 흔히 볼 수 있는 쿠폰 적립 카드 가운데 어떤 것이 가장 효과적인지(구매자들이 더 많은 커피를 사도록 하는지)를 알아보았다. 10개의 쿠폰을 모으면 무료로 한 잔을 마실 수 있는 카드일까? 아니면 12개의 쿠폰을 모으되, 첫 구매 시 2개의 '보너스' 도장이 이미 찍혀 있는 카드일까?

두 개의 카드는 모두 10개의 도장을 모은다는 과정이 필요하다. 하지만 두 번째 카드는 보너스 도장으로 무료 커피라는 목표를 향해가는 과정을 미리 출발한 것과 같은 느낌을 준다. 그리고 결과적으로도 이 카드가 구매자들에게 더 효과적이었다.

과정을 만들어간다는 감정은 재미없는 일을 완수해야 할 때나 궁극적인 목표가 직접적인 것과 거리가 멀수록 중요하다. 예를 들어, 취업상담소와의 협업 중 행동통찰팀은 '직업 찾기 리스트'를 만들어 구직자들이 리스트에 있는 일을 할 때마다 체크할 수 있도록 했고, 앞쪽에는 쉬운 일들을 나열해놓았다. 양식 작성, 미팅 참석, 구직 등록 등의 일을 완수하면서 과정을 느끼고 더 어려운 도전인 이력서 완성, 면접, 또는 재교육 등의 과정에 동기부여가 되도록 한 것이다. 다시 말하지만 목표와 관련해 지금의 위치를 파악하는 것은 매우 중요하다. 하지만 당장 나타나는 것만큼이나 그 목표에 가까워지고 있음을 느끼는 것 또한 큰 도움이 된다.

몸무게를 얼마나 줄였는지, 마라톤 연습이 얼마나 잘되고 있는지, 또는 그해의 업무 목표에 자신과 팀이 얼마나 근접하고 있는지를 파악하지 못하면 목표로 향하는 과정이 힘들어진다. 현

아주 작은 생각의 힘

위치를 파악하고 나면 어떤 피드백이 가장 적절할 것인지에 대해 생각해볼 수 있다. 그 세부적인 사항이 바로 다음 규칙이다.

규칙 2 │ 시기적절하게, 구체적으로, 실행 가능하게, 그리고 노력에 중점을 두라

2003년 캘리포니아 가든 그로브에서 댄 캔델라리아와 동료인 교통공학 전문가들은 어린이 보호구역에서 속도를 내는 운전자들에 대한 문제를 다뤘다. 댄은 각기 다른 여러 가지 방법을 연구에 동원해보았다. 속도 제한 표시를 기존보다 더 눈에 띄게 해놓는 것부터 단속을 더 자주 해 벌금을 매기기까지 다양한 시도가 계속되었다. 하지만 효과는 그다지 크지 않았고, 자전거를 타고 가는 사람이나 행인을 치는 사고가 여전히 빈번하게 일어났다. 결국 새로운 방법을 시도해보기로 결정했다. 운전자들이 지나갈 때마다 얼마의 속도를 내는지 '피드백'을 주기로 한 것이다.

그래서 전파 센서를 세워 큰 전광판에 '지금 당신의 속도는'이라는 글자와 센서 앞을 지나칠 때의 속도를 실시간으로 운전자가 볼 수 있도록 했다. 하지만 기존의 속도위반 카메라나 단속기기와 달리 전광판에 표시된다고 해서 벌금을 무는 것은 아니었다. 댄은 피드백의 힘에 내기를 건 것이다. 심지어 이것은 기존의 규칙을 지키도록 하는 방식에 도전장을 낸 것과 같은 방법이었다. 그는 간단하게 현재 속도를 알려주는 것만으로(각자의 속도 계기판으로 이미 확인할 수 있는 정보임에도 불구하고) 운전자들의 속도를 줄일 수 있다고 짐작했다. 그리고 예상은 적중했다.

가든 그로브 지역의 속도 프로젝트가 시작된 이후, 전파 기술의 발전이 가속화되었고 이런 종류의 신호판 가격이 안정적으로 내려갔으며, 그 결과 '당신의 속도'에 대한 표시는 전 세계적으로 확산되었다. 곳곳에 설치되어 있어도 이 표시판 앞에서 운전자들은 여전히 평균 10퍼센트의 속도 감소율을 보여주었고 표시판을 지나간 후에도 한동안 속도를 느리게 유지했다.

실제로 대부분의 교통공학 전문가들과 안전 전문가들은 이 방법이 운전 습관을 바꾸는 데 가장 효과적이라 말한다. 교통경찰을 배치하여 단속을 하는 것보다도 말이다. 페널티가 없음에도 불구하고, 또 실제로 아주 새로운 방법이었음에도 이 간단한 피드백은 속도를 줄이고 교통사고율을 낮춘 가장 효과적인 방법이 되었다.

속도 표시는 좋은 피드백의 세 가지 주요 요소를 잘 갖추고 있다. 누군가에게 당신은 나쁜 운전자라고 지적하는 것은 좋은 방법이 아니었다. 이는 캘리포니아에서 5개월간 시행한 결과였다. 대신 '당시 상황에 가능한 한 가까운' 솔직한 피드백을 주는 것이 훨씬 효과적이었다. 운전자들은 표시판을 보는 순간 즉각적으로 빠르게 반응했다. 속도 표시는 각 운전자에게 지극히 개인적이고

'구체적인' 정보로 아주 친절하게 실시간으로 전해졌다. 평균 속도라거나 너무 빠르다고 경고하는 것도 아니다. 그저 현재 속도 그대로를 보여줄 뿐이었다. 이것이 좋은 피드백의 가장 중요한 요소와도 관련이 있다. 바로 '실행 가능성'을 필요로 한다는 사실이다. 표시판의 명확한 메시지는 그 순간 바로 행동으로 옮길 수 있는 여지를 주었다.

좋은 피드백은 사람들로 하여금 변화할 수 있는 도구를 주고, 또 이미 잘하고 있는 것을 계속하도록 한다. 이것이 속도 표시판처럼 효과가 있다고 생각된다면, 실제 상황에서도 어떤 일이 벌어지는지를 아주 쉽게 파악할 수 있을 것이다.

더 나아가 모든 복잡한 분야에서 같은 개념이 적용되고 있다는 사실을 아는 것이 중요하다. 예를 들어 한 교육 기부 재단은 교육적 성과를 내기 위해 학생들에게 시의적절하고 명확하며 실행 가능한 피드백을 주는 것이 중요하면서도 비용이 들지 않는 방법임을 알게 되었다. 그래서 가장 기본적이면서도 효과적인 피드백을 이용하기로 했다. 과연 학생이 잘했을 때 '맞아.'라고 대답하기보다 '정말 훌륭했고 좋았던 이유는 네가 ~를 했기 때문이야.' 라고 피드백을 주는 것만으로도 효과가 있었다.

그리고 이후에는 어떻게 하면 더 잘할 수 있을지에 대한 명확한 가이드를 학생에게 주었다. 그저 틀렸다며 끝내지 않은 것이다. 교육 기부 재단은 '좋은 피드백 전달'이 학교에서도 쉽게 활용될 수 있을 것이라 판단했다. 실제로 이 방법은 8개월 치에 상응하는 학습을 단기간에 수월하게 해낼 수 있도록 했다. 기초적인 활동인 숙제(중등 5개월, 초등 1개월), 그리고 방과 후 학습(2개월)의 결과보다 훨씬 효과적이었다. 심지어 비용도 절감되었다. 학습 시간 내에 피드백을 주기만 하면 되었기 때문에, 추가 교육 명목으로 교사에게 지급되는 비용이 모조리 절감되었다.

이 세 가지 요소들이 뻔한 것처럼 느껴진다면 실제로는 피드백이 얼마나 드물게 실행되고 있는지를 살펴보아야 할 것이다. 대부분의 기관들은 연말 업무 평가로만 피드백을 주고 있다. 하지만 정작 연말 업무 평가서를 받은 직원조차 평가서를 받은 시기보다 훨씬 전에 일어난 일에 대한 평가라는 것을 인지하지 못한다. 심지어 구체적이지도 않다. 한 해 동안의 업무 내용을 모두 평가한 서류를 만든다는 것이 가능하기는 한가? 그리고 결과적으로 평가서를 받은 후 어떻게 대처해야 하는지를 알기 힘들다. 이러한 이유로 전 세계의 많은 기업들이 전통적인 연말 평가 제도를 폐지하려는 시도를 하고 있다.

미국의 다국적 경영 컨설팅 기업인 액센츄어는 직원 수가 30만 명이 넘는 대기업이다. 이 기업은 최근 연말 업무평가 제도를 없애고 피드백 제도를 도입했다. 프로젝트가 끝날 때마다 짧고 예리한 피드백을 주기로 한 것이다. 결론적으로 액센츄어는 피드백의 효과를 톡톡히 보고 있다고 한다.

행동통찰팀 역시 연말 업무평가 제도를 없애고 새로운 내부 온라인 피드백 시스템을 개발했고, 함께 프로젝트를 수행한 팀원들끼리 각 프로젝트가 끝날 때마다 피드백을 주고받도록 했다. 어떤 점을 개선하고 어떤 점을 계속할 것인지에 역점을 둔 피드백 시스템이다.

행동과학 연구에서도 좋은 피드백을 어떻게 주고받느냐에 대한 조사가 있었다. 전반적인 이해를 위해 클라우디아 뮐러와 캐롤 드웩은 콜롬비아대학교의 강의실로 돌아가보았다. 누군가가 수업 중에 좋은 성과를 보이거나, 스포츠 시합 또는 일상의 다양한 분야에서 훌륭한 활동을 했을 때 타고난 지성이나 능력에 찬사를 보내는 것은 순간적으로는 좋아 보인다. 아이가 시험에서 좋은 성적을 거두거나, 그림을 잘 그렸을 때, 똑똑하다고 칭찬하는 것은 전 세계적으로 가장 일반적이고 자연스러운 반응이다.

하지만 뮐러와 드웩은 타고난 능력이나 지성에 대해 칭찬하는 것은 역효과를 일으킬 수 있다는 우려를 표했다. 만약 수학에 타고난 능력을 가지고 있다고 믿었는데, 시험을 연이어 완전히 망쳐버리면 어떤 일이 일어날까? 자신의 능력을 의심하게 되지 않을까? 다음에는 결핍을 드러낼 수도 있는 위험한 일에 도전조차 못하게 되지는 않을까?

드웩과 뮐러는 이런 질문에 대한 해답을 찾아보기로 했다. 그들은 학생들의 공부를 지도해보기로 했다. 주어진 전제는 제한된 시간 내에 문제를 푸는 것이었다. 이때 학생들은 세 세트로 나뉜 문제를 풀되 각 세트마다 조사자들이 다른 종류의 피드백을 줄 것이라는 사실을 몰랐다. 그리고 피드백은 점수와 상관없는 것이었다.

첫 세트에서 모든 아이들은 칭찬을 들었다. 적어도 80퍼센트는 맞았다는 말도 들었다. 그리고 성공한 부분을 각각 다르게 표현한 피드백을 받았다. 어떤 아이들은 능력에 대해 칭찬을 받았고(이 문제를 풀다니 정말 똑똑하구나.), 어떤 아이들은 노력에 대해 칭찬을 받았다(이 문제를 풀다니 엄청 노력했구나.). 아이들은 그다음에 더 어려운 세트를 풀었고 잘하지 못했다는 피드백을 받았다(50퍼센트도 맞추지 못했다는 말을 들었다.).

두 번째 세트는 실제 연구의 주제가 아니었다. 연구자들은 세 번째 도전에 임했을 때 두 개의 다른 세트에 대해 아이들이 어떻게 반응하는지에 대해 흥미를 가졌다. 능력에 대한 칭찬을 받은 아이들이 두 번째에는 잘하지 못했다는 말을 들었을 때, 노력에 대해 칭찬받고 같은 말을 들은 아이들보다 세 번째 세트를 잘 해결하지 못했을까?

이에 대한 대답은 '그렇다.'였다. 첫 번째 세트에서 능력에 대해 칭찬을 받은 아이들은 두 번째 세트에서 실패한 후 세 번째 세트에 응하면서 해결 능력이 급락했다. 첫 번째 세트보다 더 낮은 점수를 얻은 것이다. 첫 번째 세트와 세 번째 세트는 실제로 비슷한 수준의 문제들이었는데도 말이다.

하지만 노력에 대해 칭찬을 받은 아이들의 점수는 눈에 띄게 올라갔다. 그들은 끈질기게 문제를 잡고 늘어졌고, 더 배우고 싶어 했으며, 더 많은 문제를 풀고 싶어 했다. '내가 잘하는 분야이니, 내가 똑똑하다는 것을 보여주겠어!'보다 '더 배우고 노력해서 더 잘 풀고 싶어!'라는 마음이 생긴 것이다.

능력에 대해 칭찬을 받는 것은 행동이 능력을 반영하는 것처럼 여겨질 수 있다. 낮은 성과는 낮은 능력 탓이라 생각하는 것이다. 반면, 노력에 대해 칭찬을 받으면 낮은 성과가 낮은 능력 탓이라 생각하지 않는다. 차후의 문제에 대해 더 노력하면 된다고 믿게 된다. 왜냐하면 노력이 성공할 수 있는 방법 중 하나임을 배웠기 때문이다.

이런 독창적이고 획기적인 연구 이후로, 드웩은 같은 요소들을 다양한 분야에 적용할 수 있는 방법을 찾아보았다. 그녀는 주요 요소들을 두 가지 서로 다른 '마인드세트(사고방식)'로 설명했다. 하나는 '고착형 마인드세트'이다. 이에 따르면 능력이란 날 때부터 가지고 있는 확정된 재능으로 결정되며 계속해서 증명해야 한다. 아이들의 원시 지능에 대해 칭찬을 하면, 고착형 마인드세트로 생각하게 하는 것이나 마찬가지다.

또 하나는 노력과 근성에 대한 것으로, 노력을 통해 개척할 수 있다고 믿는 '성장형 마인드세트'이다. 드웩의 연구는 모두가 확실히 다른 능력을 가지고 발휘하며 살지만 '모두가 노력과 경험을 통해 변화하고 성장할 수 있다.'는 것을 보여주었다. 간단한 본질적 능력이 아닌 노력과 근성에 대해 칭찬하는 것이 스스로를 또는 함께 일하는 누군가를 더 돕는 사람이 되도록 한다.

피드백은 목표와 관련하여 지금 어디에 있는지를 알게 하는 것만이 아니다. 피드백은 그 상황에 시의적절할수록 좋으며 구체적이고 실행 가능할수록 좋다. 그리고 선천적인 능력보다 노력과 근성에 박수를 보내는 것이 효과적이다. 또한 피드백의 결과로 무엇이든 할 수 있어야 한다. 이미 하던 것을 계속하는 것일지라도 말이다.

| 규칙 3 | 다른 사람들과 비교하라

2장에서 유권자들의 참여도를 높이는 방법을 살펴보았다. 관련성 있는 작은 변화가 유권자들의 마음을 움직여 실제 투표율 상승에 큰 영향을 주었다. 이것이 특정 연구들의 주제가 되었으며, 전과 후의 피드백이 이미 검증된 효과적인 도구라는 사실은 놀랍지

아주 작은 생각의 힘

가 않다.

2006년 가을, 미국 미시건주에서는 18만 곳의 지역별로 그룹 분류된 가정을 상대로 예비 선거 연구가 진행되었다. 미국의 선거는 유권자 기록(실제 투표할 대상에 투표를 하지 않더라도)이 대중에게 공개되기 때문에 실험의 좋은 배경이 되어주었다. 따라서 잠재적 유권자들에게 사회적 압력이 포함된 강력한 메시지가 담긴 편지를 보내는 시도를 할 때 어떤 일이 벌어지는지를 쉽게 알 수 있었다.

첫 번째 그룹에게 발송된 편지는 유권자들에게 시민의 의무를 다하기 위해 투표하라고 종용했다. 내용 중에 '시민의 의무를 다하라. 투표하라!'라는 문구가 들어 있었다.

다음 그룹에게는 조금 더 강한 사회적 압력이 가해졌다. 발송된 편지에는 각 가정 유권자들의 투표 기록이 포함되어 있었다. 2004년 예비 선거와 본 선거에 투표를 한 사람 이름 옆에는 '투표했음'이라고 써 있었고 선거를 하지 않은 사람의 이름 옆은 빈칸이었다. 그리고 이 기록은 업데이트되어 선거 후에 재발송될 것이라는 문구도 포함되어 있었다.

마지막 그룹이 받은 편지에는 더 강력한 메시지가 들어 있었다. 앞 그룹과 같은 형식의 투표 결과 기록에 추가로 이웃들의 기록도 있었다. 역시 선거 후 기록이 업데이트될 것이라는 메시지도 받았다. 따라서 이 그룹은 우리 가정의 투표 기록과 함께 이웃들의 투표 기록을 받았듯이, 이웃들도 우리 가정의 투표 기록을 받게 된다는 것을 알게 되었다.

연구 결과, 시민의 의무를 다하라는 편지를 받은 첫 번째 그룹은 긍정적인 효과가 있었지만 투표 기록을 보낸 가정들보다는 투표율이 상당히 낮았다. 이에 비해 투표 기록을 받은 두 번째 그룹의 투표율은 16퍼센트나 상승했다. 그리고 이웃의 투표 기록까지 받은 그룹은 투표율이 27퍼센트 이상의 상승률을 보였다. 그 어떤 캠페인도 해내지 못했던, 전례 없는 결과였다.

우리는 다른 사람이 나에 대해 어떻게 생각하는지, 그리고 나는 다른 사람과 어떻게 비교되는지에 대해 많은 신경을 쓰며 살아간다. 그리고 주변 사람들의 행동과 말에 큰 영향을 받는다. 행동과학자들은 이것이 '사회규범'과 관련이 있다고 말한다. 사회규범은 특정 사회 또는 집단의 가치, 행동, 기대로, 비교적 지속적 성격을 가진 태도 준칙이다.

많은 연구가 사람들이 다른 사람이 하는 어떤 행동에 가장 신경을 쓰는지를 보여준다. 이것은 기술적 사회 규범이라고도 하며, 동기부여 강화에 도움된다. 그런데 타인의 행동에 영향을 받으면서도 종종 타인이 정말 무엇을 하고 있는지 신경 쓰지 못할 때가 많다. 사람들이 세금을 내고 싶어 하지 않는다든지, 칼로리가 높은 음식에 지출을 많이 한다든지 등의 생각들은 하나의 기회를 만들어준다. 즉, 지배적인 사회규범에 대한 이해와 소통을 통해 자신과 다른 사람들의 동기부여를 강화시킬 수 있다.

행동통찰팀은 이것을 사람들의 행동 변화를 돕기 위한 방법으로 다양하게 이용해왔다. 앞서 살펴본 영국의 지역 보건소 사례처럼 말이다. 그 연구에서 의사들은 동료들에게 어떤 평가를 받는지, 그리고 지배적인 사회 규범과 궤를 같이하는지에 신경을 썼다.

현재 실행되고 있는 가장 유명한 사례 중 하나는 세금과 관련한 것이다. 영국 조세국은 엄청난 수의 세금 연체자들에게 기술적 사회규범 메시지가 포함된 편지를 발송했다. 단순하게 '열 명 중 아홉 명이 제때 세금을 낸다.'는 메시지가 연체된 세금을 내게 했고, 세금을 내지 않아 생겼던 문제들로부터 자유롭게 해주었다.

이때 더 구체적인 기술적 규범일수록 더 효과적이었다. '당신이 사는 지역의 대부분의 사람들이 제때 세금을 내고 있다.'라는 메시지는 더 효과적이었고 가장 세금 납부율을 상승시킨 문구는 바로 '당신처럼 세금이 연체된 대부분의 사람들이 오늘 세금을 다 냈다.'였다. 세금독촉장에 포함된 작은 문구의 변화는 영국 조세국이 2억 파운드가 넘는 연체 세금을 걷는 데 일조했다. 그리고 조세국 내에 이 프로그램을 지속적으로 관리하기 위한 세금 특화 행동통찰팀이 개설되었다.

그렇다고 해서 다른 사람에게 같은 목표를 실행 중인 누군가와 나를 비교하여 편지를 써달라고 요청하는 방법을 추천하는 것은 아니다. 다행히도 지난 몇 년 동안 앱과 인터넷 웹사이트가 폭발적으로 발전했고, 이와 같은 역할을 대신할 수 있게 되었다. 가상 또는 모르는 누군가와의 비교가 가능한 시스템이 있어 '비교 피드백'을 받을 수 있는 새로운 도구가 생긴 것이다. 예를 들어 핏빗 밴드의 앱은 운동량을 계산해주는데 이 앱으로 친구 또는 동료와 팀을 이루어 서로 비교할 수도 있고, 도전할 수도 있다. 오웨인은 행동통찰팀의 싱가포르 지사로 간 후 지사장인 샘 하네스에게 도전을 청했다. 핏빗으로 한 주간 누가 더 많이 계단을 오르내렸는지를 알 수 있었다. 결과적으로는 샘이 이겼으나, 두 사람 모두 경쟁하지 않을 때보다 훨씬 많은 운동을 했다.

이런 앱의 경쟁 양상을 살펴본 호주 지사의 카렌 틴달은 개인 수준만큼 그룹 수준에서도 비교 피드백이 효과적인지를 생각해보게 되었다. 그래서 대규모의 연구를 모벰버(Movember, 호주식 영어인 moustache(콧수염)과 November(11월)을 합성한 단어로, 매해 11월 한 달간 콧수염을 기르며 남성질환에 대한 인식을 개선시키는 캠페인-옮긴이)와 함께 진행했다. 렌드리즈 기업의 직원들이 핏빗 보조금을 받아 신체적 활동 향상과 도보 횟수를 늘리기 위해 참여했다. 그리고 통틀어 50개의 팀(646명으로 이루어진)이 임의로 두 종류의 피드백

중 하나를 받았다.

첫 번째 그룹은 일반적인 선두 그룹 정보를 받았다. 어떤 그룹들이 선두를 달리고 있는지에 대한 정보였다. 두 번째 그룹 역시 선두 그룹에 대한 정보를 받았으나, 조금 다른 점이 있었다. 현재 그들(팀)과 선두 팀의 랭킹이 어느 정도 차이가 있는지, 팀에서 가장 훌륭한 성적을 내는 사람이 누구인지에 대한 정보였다. 더 구체적인 그룹 피드백(다른 팀에 비해 얼마나 잘하고 있는지를 알수 있는)이 동기부여에 더 자극을 주었다. 그리고 놀랍게도, 가장 활동적이지 않았던 사람들에게 특히 더 큰 효과가 있었다. 결국 그들에게는 정확한 정보와 도움이 필요했던 것이다.

이와 같은 방식은 전 기관에서 활용할 수 있다. 당신이 영국 정부 기관의 수장이라고 상상해보자. 지금은 2010년이고, 수천 명의 직원들을 책임지고 있으며, 매일 정부의 지시를 수행해야 하는 압박을 받고 있다. 이 모든 걱정을 떠안고 있는 와중에 총리가 모든 부서에서 탄소 배출을 10퍼센트 감소시키라는 지시를 했다. 어떤 기분이 드는가? 그동안 의료 공공 서비스 개선 또는 영국 외교 정책의 목적에 대해 생각하고 있었다면 탄소 배출 감소는 제일 중요한 업무가 아닐지도 모른다.

하지만 또 하나의 상황을 상상해보자. 모든 부서들이 받은 임무에 대해 순위가 매겨지고, 자료는 매주 수장들의 회의에서 공개

된다. 만약 당신이 보건부의 수장이라면 다른 부서에 비해 더 잘하고 있는지 못하고 있는지를 바로 파악할 수 있을 것이다. 이제 어떤 기분이 드는가? 또 이것이 당신의 행동에 어떤 영향을 주는 가? 이 상황은 실제 2010년 행동통찰팀이 계획했던 것이었다. 그리고 2011년까지 각 부서의 탄소 배출량은 급감했다. 모든 부서가 10퍼센트 감소율을 보였고, 어떤 부서(이를테면 에너지나 환경부)는 목표율을 훨씬 넘어선 감소율을 기록했다.

비교 피드백은 모든 상황에 잘 적용되고 효과적일 수 있다. 하지만 남들과 달리 당신이 어떻게 하고 있는지 말하기 전에 반드시 조심할 점이 있다. 바로 역효과이다. 부정적인 사회규범을 무심코 강화시킬 소지가 있기 때문이다. 원하지 않는 행동이 유행으로 번져 강요가 될 수 있다. 중요한 일을 강조하고자 하는 선의의 욕구 때문에, 때로 지도자들이 모두가 선호하지 않는 것을 소통이라고 착각하고 지시할 수도 있다. '모두가 하고 있다.'는 신호로, 의도치 않은 결과(심지어 막고자 했던 결과)를 일으키게 되는 것이다. 당신과 동료가 운동과 금연, 체중 감량에 실패했다면, 이런 종류의 '기술적 사회 규범'은 모두에게 알리지 않는 것이 좋다(모두가 실패했어요!). 그리고 다행히도 역효과를 완화시킬 수 있는 방법이 있다.

첫 번째 방법은 메시지가 누구를 대상으로 하는지를 잘 고려하는 것이다. 의사들에 대한 연구는 처방전을 가장 많이 발행하는 의료인들을 대상으로 삼았다. 가장 적게 발행하는 사람들이 아니었다. 즉, 다른 누군가가 비교적 더 잘하고 있거나 어떤 면에서 우위를 점하고 있다는 말이(잘못하고 있는 것이라도) 더 효과적이다.

그리고 두 번째는 이미 잘하고 있는 사람들에게 특히 유용한데, 누가 잘하고 있는지에 대한 전체적 평가를 추가한 비교 정보를 주는 것이다. 행동통찰팀은 이것을 '제재 규범'이라고 한다. 잘하는 사람에게 이미 잘하고 있으니 부정적인 결과를 막기 위해 계속 매진하라고 하는 것이다.

이 비교 피드백 사례들은 사람들이 행위의 정확한 수준은 신경 쓰지 않는다는 점을 보여준다. 모두가 다른 사람에 비해 얼마나 비슷하게 또는 더 많이 잘하고 있는지를 신경 쓴다. 가장 높은 레벨을 살펴보면 더 정확히 이해할 수 있다. 올림픽 선수들은 100미터 달리기의 속도 그 자체보다 다른 선수들에 비해 얼마나 빨리 또는 느리게 뛰는지를 신경 쓰면서 메달의 색깔을 향해 달려간다. 은메달과 동메달을 딴 선수들을 대상으로 한 연구 결과에 의하면, 은메달을 딴 선수가 더 불행했다고 한다. 왜냐하면 '더 가까이에서' 금메달을 놓쳤기 때문이다. 이에 비해 동메달을 딴 선수는 시상대에 오른 것으로 안심하는 경우가 많았다.

삶에서도 같은 현상이 일어난다. 연봉의 금액 자체보다 비슷한 업종의 다른 누구보다 더 많고 적은지를 더 신경 쓴다. 힘들고 까다로운 목표를 달성하는 과정에서도 역시 내가 얼마나 잘하고 있는가보다는 다른 사람에 비해 더 잘하는지 못하는지가 더 동기부여가 된다. 비교 피드백, 비교 정보를 적절히 이용하라. 훨씬 발전되고 향상된 모습을 발견할 수 있을 것이다. 비교는 목표에 더 빨리 도달할 수 있도록 도와주는 매우 효과적인 도구가 되어준다.

피드백은 목표 달성에 아주 중요한 요소이다. 하지만 업무와 일상 속 목표를 향해 가는 길에서, 현재의 위치에 맞게 알맞은 피드백 적용을 하는 데 장애가 있을 수 있다. 새로운 기술의 발전과 함께 좋은 피드백을 갖출 수 있는 방법을 찾을 여건들이 많이 존재한다.

이를테면 예금 및 가계부 앱은 지출을 관리하고 실패하지 않도록 해주는 좋은 도구이다. 과거에 비해 편리하게 찾을 수 있는 피드백의 도구들이 다양해졌다. 운동 관련 앱이나 시스템은 건강과 운동의 상태를 모니터해준다. 업무적으로도 많은 기업들이 새로운 방법을 통해 연말 평가가 아닌 즉각적인 피드백 시스템을 구축했다. 하지만 새로운 도구들의 이점을 수용하지만 그 정보만 가지고는 큰 도움이 되지 않는다는 점을 명심해야 한다.

우선 목표의 방향과 관련한 곳에 서 있는지를 확인할 필요가 있다. 그리고 그다음 단계로 더 나아지기 위해 무엇을 할 수 있는지 파악해야 한다. 왜 피드백이 구체적이고, 개인적이며, 실행 가능하며 능력을 뛰어넘어 노력에 집중해야 하는지를 이해하면 주어진 정보를 어떻게 활용할지 자연스럽게 알 수 있게 될 것이다.

마지막으로 이 모든 정보들을 취합하면서 얼마나 잘하고 있는지를 타인과 비교하면 더 빠르고 쉽게 목표를 달성할 수 있을 것이다.

7장

목표를 향해 계속 나아가기 위한 '노력'

THINK
SMALL

집중하고 노력하라. 그리고 실험하고 배워라.

목표를 각 단계별로 나누었다면, 실험을 통해 능력을 향상시킬 수 있다.

단계별로 작은 변화를 실험함으로써 어떤 것이 잘 적용되고 어떤 것이 그렇지 않은가를

알 수 있다. 마지막으로 지금까지의 과정을 되돌아보라. 그리고 성공을 자축하라.

시드니의 북쪽 해변은 전원적인 풍경으로 유명하다. 해변의 금빛 모래는 야생동물의 천국인 국립공원까지 뻗어나간다. 태평양은 시드니 도심에서 볼 수 있는 아름다운 바다이면서, 수영과 서핑을 즐길 수 있는 시원한 곳이기도 하다.

하지만 이런 풍경이 일부 사람들에게는 현실인 반면에, 어떤 사람들에게는 아주 먼 꿈과 같은 것이다. 적어도 브레드에게는 그러했다. 열여섯 살인 브레드는 학교를 그만두고 여러 가지 일을 하며 돈을 벌었다. 그는 단기간 아르바이트로만 2년을 보냈다. DVD 가게에서 일하고, 서핑 도구 가게에서 보조 아르바이트를 했으며, 바나 카페에서 웨이터를, 해변의 유명한 식당에서는 접시를 나르는 일을 했다.

브레드에게 어떤 '스파크'가 일어난 것은 식당에서 음식을 서빙할 때였다. 그는 손님들에게 서빙되는 음식에 관심을 가지기 시작했다. 음식의 맛, 풍기는 향에 매료되었기 때문이다. 특히 그는 육류에 관심을 더 가졌다. 잘 구운 스테이크, 양고기, 돼지고기 찹스테이크와 같은 음식이었다. 그는 손님들을 만족시켜 줄 훌륭한 음식들을 전달하며 즐거이 일했다. 브레드가 열여덟 살이 되었을 때, 그는 그다음 해야 할 일을 결정했다. 또 다른 아르바이트가 아닌 '정말로 하고 싶은 일' 말이다. 그는 또다시 바닥부터 시작하거나, 돈이 더 드는 일일지라도 스파크를 일으킨 그 열정을 일단 좇아가기로 했다.

하지만 브레드에게 당장 눈앞에 닥친 문제는 어디에서부터 시작해야 할지 전혀 모른다는 것이었다. 몇 주간의 심오한 검색 끝에, 그는 한 정육점에서 견습생을 뽑는다는 광고를 발견했다. 정육점 주인인 글렌은 최근 두 명의 견습생들이 4년의 숙련 과정을 견디지 못하고 몇 달도 채 되지 않아 그만둬 어찌할 바를 모르고 있는 상태였다. 이번에는 그전과 '다르게 하리라.'고 글렌은 다짐했다. 실제 작업과 반대되는 일부터 가르치고자 한 것이다.

브레드가 들어왔을 때 글렌은 견습생이 어떤 일을 하며, 어떻게 해야 하는지를 모조리 알려주었다. 일찍 출근해야 하고, 긴 시

아주 작은 생각의 힘

간 동안 매일매일 잡일을 해야만 한다고 했다. 가장 싼 부위부터 무수히 잘게 써는 작업, 계속되는 청소 등 해야 할 잡일이 끝이 없다고 했다. 최악의 정보는 그렇게 4년을 보낸 후에야 가장 아래 단계의 도축업자가 된다는 것이었다. 글렌은 브레드와 같은 젊은 사람들이 견습 기간 다음의 미래에 대해 이상적인 기대를 하고 있다고 생각했다. 그래서 40퍼센트가 넘는 비율의 견습생들이 과정을 다 끝내지 못하고 첫해에 그만둔다고 믿었다.

그런 이유로 글렌은 브레드에게 첫날부터 아주 힘든 일이 시작될 것이라 명확하게 알려주었다. 하지만 브레드가 진지한 자세로 경청하자 글렌의 말투는 바뀌기 시작했다. 브레드의 열정이 진짜임을 알고 몇 시간이 소요되는 고기 자르는 일을 계속 잘하고 나면 천천히 저급의 고기에서 1등급 스테이크까지 자를 수 있게 된다고 했다. 또한 글렌은 만약 브레드가 착실하게 수행하고 최선을 다한다면 자신이 아는 모든 정보를 알려주고 훌륭한 도축업자가 되도록 도와주겠다고 강조했다. 그리고 기술을 발전시킬 수 있는 시간과 공간을 제공할 것이며, 무엇을 배우고 있는지와 어떤 것을 가장 관심 있게 생각하는지를 반영하여 더 많은 가르침을 줄 것이라고 했다.

글렌의 말은 브레드에게 이상한 영향을 끼쳤다. 브레드는 잡일로 가득한 시간들이 지나면 왜 그 시간들이 가치 있는지를 알게 될 것이라 여겼다. 그리고 열정으로 임한 매시간들이 다 의미가 있을 것이라고 생각했다. 그래서 견습생이 되어보라고 권유하던 글렌은 브레드의 눈을 보고 브레드가 제안을 받아들일 것이라 확신했다.

브레드는 견습이 장기간 아주 힘든 과정이라는 것을 인지하고 자신의 목표를 정했다. 수년 동안, 수많은 시간 동안 칼을 갈고, 고기를 자르고, 소시지를 준비하고, 바닥을 닦고, 냉장고를 청소했다. 그리고 그 집중과 노력의 연습 시간들이 늘어날수록 더 기분이 좋아지기 시작했다. 시간이 지나면서 글렌은 브레드에게 새로운 것을 시도할 공간을 주거나, 그만의 아이디어를 공유하기도 했고, 절인 고기로 만든 가장 좋아하는 레시피를 알려주기도 했다.

로리가 남부 웨일스 정부의 새로운 프로젝트의 일환으로 정육점에 조사를 하러 갔을 때, 브레드는 모든 힘든 일들이 성공적인 일처럼 느껴진다고 말했다. 그리고 이것이 그의 시야를 예전보다 더 넓혀주었다고 했다. 브레드가 얻은 교훈은 명확했다. 장기간의 목표를 위해 열심히 하고 싶다면 응당한 준비가 필요하다는 점이다. 곧 시간을 할애할 준비, 노력이 필요한 일에 착수할 준비, 그리고 성공과 실패를 통해 배울 자세가 필수적이었다.

앞선 장에서 모두 목표 달성에 도움이 될 기술과 도구를 활용하는 것에 중점을 두었다면, 이번 장은 조금 다르다. 바로 이 도구들을 활용해 장기간의 목표를 달성하는 것이다. 특히 시간이 지남에 따라 지속적으로 배워야 할 필요성이 있는 어려운 목표를 향해 갈 때 필요한 것을 알아보고자 한다. 목표를 향해 열심히 계속 나아가기 위한 세 가지 황금 규칙은 다음과 같다.

- 집중하고 노력하라.

  시간이 흘러감에 따라 수행 능력을 향상시켜야 하는 목표라면, 행위의 '질'이 소요되는 시간의 '양'만큼이나 중요하다는 것을 기억해야 한다.

- 실험하고 배워라.

  목표를 각 단계별로 나누었다면, 실험을 통해 능력을 향상시킬 수 있다. 단계별로 작은 변화를 실험함으로써 어떤 것이 잘 적용되고 어떤 것이 그렇지 않은가를 알 수 있다.

- 되돌아보라, 그리고 성공을 자축하라.

  어떤 것이 잘되었는지 또는 잘 안 되었는지를 되돌아보고, 다음 목표로 가기 전에 이룬 바에 대해 충분히 자축하라.

| 규칙 1 | 집중하고 노력하라

2006년 미국, 전국 철자법 대회의 결승전이 열리고 있었다. 약 300명 정도가 대회에 참가했고, 각 단계마다 상위권이 선발되어 그다음 라운드로 올라갔다. 참가자들은 황금시간대에 마지막 라운드가 방송된다는 부담감을 안고 결승전에 임했다.

열네 살의 캐나다인 소년 피놀라 해켓은 염세라는 뜻의 단어인 'Weltschmerz'의 철자를 맞추어야 했고, 19단계를 거쳐 올라온 피놀라는 이 단계에서 실패했다. 또 한 명의 결승전 진출자는 뉴저지 출신의 열세 살 소녀 캐서린 클로즈로 철자법 대회 5연승을 노리고 참가했다. 그녀에게 주어진 문제는 조어를 뜻하는 'Ursprache'였고 철자를 정확히 맞추었다.

당연히 캐서린은 황금 트로피를 거머쥔 것에 대해 대단히 기뻐했고, 말 잘하는 10대가 아닌, 유명한 축구 슈퍼스타처럼 인터뷰를 했다. '믿을 수가 없네요. 그 단어의 철자를 알고 있었는데 문제가 나오자마자 깜짝 놀랐어요.' 실시간으로 방송을 본 시청자들 역시 충격에 빠졌다. 이 어린 참가자들의 능력에 놀랐고, 두 배 또는 세 배나 더 나이가 많은 사람들도 잘 모를 법한 단어들의 철자를 잘 알고 있다는 사실에 놀랐다. 대부분의 사람들이 그녀의 영광 뒤에는 특별하고 신기한 능력이 있다고 믿은 것도 무리가 아니었다. 그녀는 소위 말하는, 타고난 천재였다.

하지만 대부분의 사람들과는 달리 행동과학자들이 관심을 가진 것은 그녀의 천재성이 아니었다. 다시 말해, 어떻게 그녀가 비상한 능력을 가졌느냐가 아니었다. 특히 캐서린의 우승에 관심을 가진 사람은 펜실베이니아대학교의 심리학 교수인 앤젤라 더크워스(『그릿』의 저자)였다. 더크워스는 이 질문에 답할 수 있는 아주 적합한 사람이었다. 왜냐하면 자신이 유년 시절 아버지로부터 '너는 천재가 아니다.'라는 말을 듣고 자랐는데, 몇 년 후 아이러니하게도 천재에게 수여하는 맥아더 펠로상을 받은 사람이었기 때문이다. 이 상은 62만5,000달러의 창조 기금이 수여되는 상이었다.

더크워스는 어떤 것이 성공과 목표 달성을 이루게 하는지를 알아내기 위해 노력했다. 그리고 주어진 능력이 있더라도 그 능력은 목표를 향해 더 나아갈 수 있는 원동력이 될 뿐이라고 결론지었다. 그녀는 평범한 사람이 위대한 성과를 내는 데에는 특별한 끈기 또는 노력이 역할을 한다면서 이를 '그릿(GRIT)'이라고 명명했다. 이것이 캐서린의 철자법 대회 5연승을 설명할 수도 있을까? 그녀는 궁금했다.

그래서 그녀는 동료들과 팀을 이루어 철자법 대회에서 뛰어난 성적을 거둔 사람들의 능력이 무엇인지를 알아보고자 했다. 연구팀은 마지막 라운드를 앞두고 모든 참가자들에게 연락을 취했다. 그들이 얼마나 연습과 노력을 했는지, 더 노력한 사람들이 더 좋은 결과를 냈는지, 그리고 이런 연습과 노력이 차이를 만들어냈는지를 알아보고자 했다.

이 연구의 결과는 스포츠나 악기, 철자 등에 선천적인 능력이 있다고 믿는 사람들에게 도전장을 내는 것이었다. 더크워스와 팀이 알아낸 것은 어쩌면 새삼 놀랍지 않은 것이었다. 더 연습한 사람이 더 좋은 결과를 냈기 때문이다. 더크워스는 이미 그럴 것이라는 것을 예상하고 있었다.

그래서 두 번째 질문이 더크워스에게는 더 흥미로운 주제가 되었다. 연습의 종류와 성격이 성패를 설명할 수 있는가? 연구팀은 세 가지 광범위한 연습의 범주를 정해 참가자들을 나누어보았다.

첫 번째 연습의 범주는 언어적 여가 활동, 이를테면 취미로 독서를 한다거나 단어 게임, 퍼즐을 즐기는 것이었다. 두 번째는 다른 사람 또는 컴퓨터와의 퀴즈 대결이었고, 세 번째는 철자와 어원을 독학하는 것이었다. 세 번째 범주에 연구자들은 가장 관심을 가졌는데, 이것이 '꾸준한 훈련', 즉 실력이 향상되기 위해서는 지속적인 노력이 필요한 활동과 연결되었기 때문이었다.

당연할 수도 있겠지만, 꾸준한 훈련은 힘들고 노력이 필요한 일이고, 반면에 언어적 여가 활동은 더 재미있고 노력을 덜해도 되는 일이다. 하지만 결승전에 오른 사람들을 조사해본 결과, 꾸준히 훈련을 해온 사람들이 경쟁에서 더 우세하고, 경쟁을 즐기고 있었다. 재미는 덜하지만 더 노력하는 방법으로 준비한 참가자들이 우승할 가능성이 높았다. 따라서 타고난 재능이 성공을 보장하지 않는다면 아무 생각 없는 연습 또한 소용이 없다. 영향을 끼치는 연습의 양만큼(약간의 행운과 주변의 도움도 영향을 끼치지만) 중요한 것은 연습의 '질'이다.

말콤 글래드웰의 저서 『아웃라이어』에 연습량에 관한 대목이 있다. 많은 연구 사례를 통해 어느 분야에서든 마스터 또는 최고 전문가가 되려면 1만 시간의 연습이 필요하다(1만 시간의 법칙)는 것이다. 앤젤라 더크워스와 연구를 함께한 앤더스 에릭손은 1993년 흥미로운 연구 결과를 내놨다. 베를린음악원의 가장 뛰어난 바이올린 연주자들은 스무 살이 될 때까지 평균 1만 시간의 연습을 해왔다는 내용이다. 글래드웰은 이 결과를 대부분의 분야에서 추정해냈다. 비틀즈는 함부르크 클럽에서의 초기 공연 시기에 1만 시간의 연습을 했고, 빌 게이츠는 1만 시간에 가까운 컴퓨터 프로그래밍 기술 연습을 통해 세계 최고의 기업을 만들 수 있었다.

하지만 앤더스 에릭손이 추후에 밝혔듯 1만 시간의 법칙에는 모순이 있었다. 바이올린을 시작한 학생들은 1만 시간의 연습 시간을 거친 후에도 학생 신분이었고, 그들의 연습 시간은 지극히 평균적인 수치였다. 그렇다고 연습을 덜한 사람이 최고 전문가가 될 수 없었던 것도 아니었다. 최고 수준의 국제 피아노 대회에서 우승한 서른 살이 넘은 사람들은 2만 시간 이상의 연습을 거쳤기 때문이다.

에릭손은 1만 시간의 법칙을 재정의했다. 그는 얼마나 오래가 아니라 얼마나 올바른 방법으로 연습을 하느냐가 중요하다고 강조했다. 글래드웰이 연습의 양을 강조했다면, 에릭손의 이후 연구는 연습의 질을 더 강조했던 것이다. 에릭손의 연구는 '꾸준한 연습'에는 집중력을 포함한 특정 노력의 양이 필요하고, 구체적인 활동의 계획이 필요하며, 과정에서의 피드백을 받는 것 또한 중요하다고 결론지었다. 이것들이 더해져야 한계를 뛰어넘어 가장 많이 배우고 얻을 수 있는 위치로 갈 수 있다는 것이다.

이 책은 아웃라이어들에 대한 책이 아니다. 모두가 작은 변화를 통해 어떻게 매일의 목표를 이룰 수 있는지를 다룬다. 장기간의 도전을 이루는 것과 꾸준한 연습을 통해 더 뻗어나가는 과정에서 실패했기에 더 나아지기 전에 멈춰버리는 것에 대해 생각해본 적이 있을 것이다.

로리를 예로 들어보면, 그는 수년간 축구를 해왔고 학창 시절에 꽤 뛰어난 선수로 평가받았다. 그 기간 동안 그는 축구 시합과 연습에 어림잡아 4~5,000시간을 썼다고 했다. 하지만 애석하게도 그는 월드컵 시합에 나갈 만한 선수는 되지 못했다. 왜냐하면 학창 시절의 수백 시간과 대학 이후의 연습 시간들은 가벼운 체력 단련, 기본적인 기술과 작은 시합을 위한 연습에 불과했기 때문이다. 유년 시절을 제외하고, 로리는 이후의 시간 동안 스스로 발전했다고 여기지 않았고, 최고 수준의 주의력으로 경기에 온전히 집중하지 못했다. 왼쪽 발로는 힘들었던 패스나 슛을 딱히 노력해서 발전시키지도 않았다.

비슷한 사례로 오웨인은 기타 연주를 2~3,000시간 정도 했다. 10대 후반에 접어들었을 때, 그는 중급 정도의 수준이 되었고, 매주 듣는 수업에 성실히 임했다. 수업은 기술을 연마하는 데 꾸준한 연습과 비슷한 수준의 압박이 되었다. 처음에는 악보를 보고 연주하는 것이 힘들었지만 계속되는 수업과 훈련으로 발전할 수 있었다. 하지만 로리와 마찬가지로 오웨인은 몇 년간의 연습 후 어느 정도 실력이 향상되었다고 판단되자 기타를 취미 생활의 일부로만 여기기 시작했다. 수업은 더 이상 듣지 않았고, 기타 실력은 정체기에 들어섰다. 그리고 그 이후로 연주 실력은 퇴행했다.

그렇다. 누구나 목표와 관련한 행위를 향상시킬 수 있다. 하지만 노력이 뒤따라야 하고 많은 시간 동안 집중해야 한다는 것을 기억해야 한다. 정말로 배우기 위해서는 꾸준한 연습을 작게 생각하는 접근법을 익혀야 한다. 그것은 스스로 정한 목표와 함께 시작된다. 시간에 따라 향상되는 모습을 보기 위해서는 도전적 목표에 맞는 '나'의 자세를 준비해야 한다.

물론 새로운 기술을 배워야 한다는 것이 부담이 될 수도 있다. 하지만 동시에 어떤 것을 얻게 될지에 대한 예상을 재정립할 수 있는 기회가 되기도 한다. 서문에서 언급한 취업상담소의 사례에서 행동통찰팀은 변화를 만들며 동시에 필요한 활동에 대한 예상을 재정립했다. 목표를 작은 부분들로 나눌 때 연습해야 할 세부적인 것들의 '질'에 대해서 생각해야 한다. 철자법 대회의 우승자들에게는 새로운 단어들이 그 대상이었다. 축구 선수나 음악가들에게는 특정 기술이 될 것이다. 업무적으로는 프레젠테이션 기술이 될 수 있다. 각 개인이 향상시킬 수 있는 수학, 영어, 자격증 시험처럼 구체적인 것들이다.

마지막으로 집중하고 노력하는 활동이 발전에 필요한 만큼 좋은 피드백 역시 중요하다. 축구 실력이 향상되었는가? 새로운 단어의 철자를 맞힐 수 있는가? 프레젠테이션 발표 기술이 발전되었는가? 더 많은 인터뷰에 응하게 되었는가?

모두가 올림픽 챔피언, 체스 대회 우승자, 세계적인 철자법 대회의 우승자, 최고 권위의 강의자가 될 수는 없다. 하지만 더 나은 부모가, 팀장이, 축구 선수가, 음악가가 될 수 있다. 장기간의 목표에서 능력을 향상시키기 위해서는 더 확장된 목표를 설정하고, 각 단계와 세부적인 사항들에 집중하여 순차적으로, 시간에 따라 발전해야 한다. 이 책의 나머지 부분에서는 작은 변화들이 합해져 더 큰 결과를 만드는 방법을 살펴볼 것이다. 작다는 것이 쉽다는 것은 아니다. 모든 작은 것들에는 집중과 헌신, 노력, 시간이 필요하며, 그래야만 성과를 눈으로 확인할 수 있다는 것을 명심하자.

| 규칙 2 | 실험하고 배워라

해마다 100만 명에 가까운 영국인들이 국민건강보험에 장기기증자 등록을 한다. 하지만 등록자들이 많음에도 불구하고 영국에서는 매일 세 명이 장기기증을 받지 못해 사망한다고 한다. 그래서 국민건강보험은 행동통찰팀에 연락을 해왔고, 더 많은 사람들이 장기기증 신청을 할 수 있는 방법이 있는지 알아보고자 했다.

휴고 하퍼와 펠리시티 알게이트가 이 연구를 진행하기로 했고, 새로운 아이디어를 실험하기에 적합한 지역을 하나 지정하여 자동차세금 갱신 또는 운전면허 등록을 하러 왔을 때 장기기증 신청 권유를 하던 기존의 방법을 바꾸어보기로 했다. 국민건강보험의 웹사이트는 수백만 명의 사람들이 매해 이용하고 있었기 때문에, 장기기증자 등록 신청에 '신청합니다.'라고 답하는 사람들의 숫자에 작은 변화를 주기로 했다.

아이디어는 간단했다. 여덟 가지 방법을 통해 그 가운데 어떤 것이 가장 잘 적용되는지를 알아보기로 했고, 어떤 것이든 결과가 가장 좋은 것을 새로운 메시지로 삼기로 했다.

당신도 직접 두 메시지를 보고 어떤 것이 더 효과적일지 골라보자. 선택한 메시지가 왜 가장 효과적이라고 느껴졌는지도 생각해보자. 결정하기 전에 미리 작은 팁을 주자면, 둘 중 하나가 가장 효과적인 것으로 선택되어 기존 등록 수보다 한 해에 9만6,000명에 가까운 사람들이 더 많이 등록하게 했고, 다른 하나는 오히려 등록 수를 감소하게 했다.

행동통찰팀은 두 메시지를 지난 수년 동안 다양한 회의, 세미나, 워크숍에 참여한 많은 사람들에게 보여주었고, 한 가지를 선택하라고 했다. 가장 효과적이거나, 가장 효과적이지 않았던 두 메시지 말이다.

결론적으로 가장 효과적이었던 메시지는 첫 번째 메시지이다. '지금 당신에게 장기이식이 필요하다면 장기이식을 받으시겠습니까? 그렇다면 지금 필요한 다른 사람도 도와주세요.'라는 문장이 있는 것이었다. 호혜의 뉘앙스를 담은 이 문장은 강력한 효과가 있었다.

두 번째 메시지는 실제로 등록 수를 가장 감소시킨 것으로, '이 페이지를 보는 수천 명의 사람들이 매일 장기기증을 등록하고 있습니다.'라는 문장과 함께한 그룹의 사람들 사진이 포함되어 있는 메시지이다. 일반적인 사람들의 모습을 담은 사진이 중요한 메시지를 진부한 마케팅의 일부로 만들어버린 데 그 이유가 있다.

GOV.UK

Home

Service
고맙습니다.
NHS 장기이식에 등록하세요.

지금 당신에게 장기이식이 필요하다면 장기이식을 받으시겠습니까?
그렇다면 지금 필요한 다른 사람도 도와주세요.

JOIN

GOV.UK

Home

Service
고맙습니다.
NHS 장기기증에 등록하세요.

이 페이지를 보는 수천 명의 사람들이 매일 장기기증을 등록하고 있습니다.

JOIN

반면 같은 메시지에 사진을 뺀 것은 이보다 장기기증 등록 수
를 증가시켰다. 이를 통해 사람들에게 결과를 먼저 알려주고, 그
다음 왜 그것이 뽑혔다고 생각하느냐 물으면 사람들이 쉽게 그

이유를 말한다는 것을 알게 되었다. 바로 '후판단 편파(Hindsight Bias)'이다. 사전 지식이 없는 문제는 더 풀기 어려운 숙제가 되는 법이다. 아마 스스로 해보면서 느꼈을지도 모른다. 결과를 알기 전에는 어떤 것이 더 효과적인 메시지인지 확신을 가지고 예상하기 힘들었을 테고, 그 이유를 설명하기도 어려웠을 것이다.

지난 6년 동안, 행동통찰팀은 여러 실험을 통해 어떤 정부 정책이 가장 효과적인지를 알아보았다. 결과적으로는 청킹과 관련한 접근법이 가장 효과적이었다. 목표를 더 작고 구체적인 단계로 나누어 각 요소들을 실험해보고 어떤 변화가 상승작용을 일으키는지를 보는 것이다. 이에 대한 많은 실험들은 이미 이 책 속에서 여러 차례 언급되었다.

그리고 각각의 사례들은 간단한 질문을 던진다. 과연 '효과가 있는가?' 만약 제때 세금을 내지 않은 사람들에게 보내는 독촉장의 첫 문장을 얼마나 많은 사람들이 냈다는 것으로 바꾸면 더 많은 사람들이 기간 안에 세금을 낼 것인가? 답은 '그렇다.'이다. 만약 누군가에게 그 집을 적외선 촬영한 사진을 보내며 많은 에너지를 낭비하고 있다는 메시지를 함께 보낸다면 그는 더 절약할 것인가? 답은 '그렇지 않다.'이다. 적외선 사진의 색이 따스하고 편안하게 느껴질 여지가 있기 때문이다.

이 실험적 접근이 사례로 보여준 영국 정부에만 국한된 것이라

아주 작은 생각의 힘

생각되는가? 절대 그렇지 않다. 1장에서 살펴봤듯, 같은 요소들이 올림픽 사이클팀에도 적용되었다. 작은 각 단계들의 변화와 발전이 더해져 큰 성공을 거두었다. 교육 기부 재단도 마찬가지다.

잘 알려진 기업인 구글을 예로 들어보자. 구글은 지속적인 실험을 통해 작은 변화를 꾀하고 기존의 활동보다 더 나은 것, 최선의 것을 찾는 우량 인터넷 기업이다. 최근에는 구글 툴바의 작은 요소 하나를 개선하고 배포해 2억 달러에 가까운 추가 이익을 냈다고 한다.

이런 성공 사례들의 공통점은 두 개의 장기기증 등록 메시지 중 효과적인 것을 고르고 예상해보는 것과 같은 '인식'이다. 이것은 다양한 분야에서 극복해야 할 가장 큰 장애물과도 같다.

『괴짜경제학』의 저자인 스테픈 더브너와 스티브 레빗이 주장했듯, 가장 하기 어려운 말은 '미안합니다.' 또는 '사랑합니다.'가 아닌 '잘 모릅니다.'이다. 사람들은 대부분의 영역에서 어떤 것이 효과적이고 또 그렇지 않은지를 모른다는 사실을 받아들이기 힘들어한다.

행동통찰팀의 임원인 데이비드 할페른은 전 세계의 정부가 가진 가장 어두운 비밀은 잘하고 있는지 아닌지를 모른다는 것이라고 했다. 새로운 커리큘럼, 구직 정책, 법조문 등 세금으로 실행되거나 막대한 자금이 들어가는 프로그램이 실제로 효과적인지 말이다. 아무것도 하지 않고 있을 때에는 이런 프로그램들이 예상만큼의 효과가 있는지를 확인하기 어렵다. 그래서 긍정적인 효과를 기대했으나 실제로는 아주 미미한 효과만 있거나, 오히려 역효과를 일으킨 것도 있다.

한 예로 미국에는 청소년들의 범죄율을 줄이기 위해 고안된 '비욘드 스케어드 스트레이트(Beyond Scared Straight)'라는 프로그램이 있다. 이 프로그램은 아이들이 직접 성인 교도소를 방문하여 실제 모습을 보고 체험하는 것으로, 하루를 교도소에서 지내거나 수감된 사람들의 이야기를 들어보기도 했다.

이 프로그램은 다른 나라에도 방송되었고, 1978년에는 관련한 다큐멘터리가 만들어지기도 했다. 문제는 처음에는 좋은 결과가 나타나는 듯했던 이 프로그램이 실제로 효과적이지 않았다는 것이다. 사실상 역효과를 냈다. 교도소를 방문했던 아이들의 범죄율이 오히려 증가했다. 1997년까지 보고된 바에 의하면, '효과적이지 않았던 프로그램' 리스트에 올라간 프로그램 중 하나가 되었다.

새로운 아이디어를 실험해보는 것은 중요하다. 하지만 실제 소개되고 실행되기 전에 반드시 실험해보고 효과를 살펴보아야 한다. 더 나은 팀장이 되기 위해, 몸무게를 줄이기 위해, 금연 또는 악기나 외국어 기술 향상을 위해 수백 가지의 실험을 하는 것이 불가능하다. 그렇기 때문에 원하는 결과를 얻기 위해서는 다양한

아주 작은 생각의 힘

접근을 통해 필요한 최고의 방법을 찾는 것이 좋다.

이 책에서 제안하는 단계들을 따르면 실험적 접근을 설계하기 쉬울 것이다. 목표를 감당할 수 있는 작은 단계들로 나누고, 대안적 접근에 대적할 만한 피드백을 찾으면 작은 변화들을 발견할 수 있을 것이고 점차 목표 달성을 향해 나아갈 수 있을 것이다.

예를 들어 목표가 6개월 동안 매일 칼로리 소모를 하는 것이라고 가정하자. 그렇다면 출근할 때 걸어가는 것이 버스를 타고 6층 사무실까지 계단을 이용하는 것보다 더 효과적인지 알아볼 수 있다. 그다음에는 두 가지를 병행해본다. 이때 핏빗이나 스마트폰 앱을 이용하여 어떤 방법이 칼로리 소모에 가장 효과적인지를 알아보고, 가장 적절한 방법을 결정하면 된다.

또 돈을 아끼고자 할 때에도 여러 가지 다양한 방법을 실험해보고 어떤 것이 결과가 가장 좋은지 알아보자. 몇 달 동안 계좌에서 일정 금액을 출금 불가능 계좌로 이체해보거나, 평소에 잘 구입하던 것을 참고 쓰지 않은 돈(점심 후에 먹던 라떼와 같은)을 따로 모아보는 것이다. 시간이 지난 후에 어떤 방법이 가장 많은 돈을 모을 수 있었는지를 평가하고 더 아낄 수 있는 방법도 생각해본다.

처음으로 부모가 되었을 때는 아이의 수면과 관련한 방법을 실험해볼 수도 있다. 어떤 특별한 시도, 시간, 방법이 가장 아이와 본인에게 편안하고 효과적인 방법인지를 찾는 것이다.

실험적 접근은 오랫동안 '가정'해본 것을 흥미롭게 풀어 증명해 낼 수도 있다. 행동통찰팀의 예를 들어보겠다. 동료들 중 하나가 유기농 당근이 일반 당근보다 훨씬 좋다고 했다. 그래서 오웨인이 블라인드 테스트를 진행해보았는데 아무도 특별한 차이점을 말하지 못했다. 이외에도 수년간 실험해본 결과, 다양하고 재미난 결과를 얻을 수 있었다. 오렌지 주스는 조금 더 비싼 것이 맛도 더 좋았고, 와인은 가격이 싼 것이 더 나을 때도 있었으며, 토닉이 들어간 진이 더 맛있었다.

| 규칙 3 | 되돌아보라, 그리고 성공을 축하하라

지금 당신이 학부생이라고 가정해보자. 당신은 학업과 병행하여, 전공서 구입이나 여가를 위한 몇 가지 일을 하고 있다. 그중 하나로 대학에 기부를 권유하는 일로 돈을 벌고 있고, 이것은 졸업생들에게 전화를 걸어 기부금을 내도록 설득하는 일이다. 졸업생들은 음악부터 금융까지 다양한 분야의 직업을 가지고 있었고, 이미 기부한 사람도 있고 그렇지 않은 사람도 있었다. 어떤 때는 기부 참여를 설득하는 데 금방 성공하기도 하고, 어떤 때는 더 많은 노력이 필요하기도 했다.

어느 날 당신에게 작은 변화가 생겼다. 당신의 전화를 받은 한 인류학 전공 대학원생이 자신의 이야기를 잠시 들어보라고 한 것이다. 그녀는 당신과 동료들이 노력해서 모은 기부금으로 인생이 달라졌다고 했다. 기부금 덕분에 해외로 가서 조사를 하고 자료를 모을 수 있었고 그 연구가 인류학의 토대에 새로운 도움이 되는 지식이 되었다고 했다. 당신은 그녀에게 어디를 다녀왔는지, 어떤 연구를 집중적으로 하고 있는지 등의 몇 가지 질문을 했다. 그리고 당신이 전화로 노력해서 모은 기부금이 어떻게 그녀의 열정과 학문에 도움이 되었는지에 흥미를 가지게 되었다. 결과적으로 대화는 15분 정도였을 뿐이었지만, 당신은 가슴속에서 뜨거움이 차오르는 것을 느꼈다. 그러고 난 뒤 전화번호를 누르면서 그 뜨거움을 다시 한번 느꼈다.

이는 행동통찰팀의 지인 중 한 명인 그랜트가 진행한 실험이었다. 이후 채플힐의 노스캐롤라이나대학교에 가게 된 그랜트는 의사나 사회복지사, 경찰관 등 다양한 공무원들이 금전보다 몸담고 있는 분야에서 잠재적 변화를 일으키는 것에 더 동기부여가 된다는 사실에 관심을 가지게 되었다. 반면, 그들이 장기적 영향력은 보려 하지 않는다는 점도 알게 되었다. 그래서 기부금 모금 활동을 하는 학생들이 기부금이 사용된 결과를 듣고 어떤 반응을 보였는지를 연구했다.

그랜트는 학생들을 두 그룹으로 나누었다. 한 그룹은 졸업생들로부터 이야기를 듣도록 했고, 다른 그룹은 아무런 추가적 대화 없이 하던 대로 모금 활동만을 하도록 했다. 한 달 뒤 그랜트는 각 학생마다 기부 서약서를 평균적으로 얼마만큼 모았는지를 알아보았다. 그랬더니 대화를 시도하고 이야기를 들은 학생들이 받은 기부 서약서의 수는 상당히 증가했고 그 금액 또한 놀라웠다(두 배 이상이었다).

반면 두 번째 그룹의 성과는 통계적으로도 의미가 없을 정도로 매우 미미했다. 결과적으로 자신이 하는 일의 긍정적인 결과와 이익을 이해하는 것이 동기부여가 되었고, 대화를 잘 이끌어낼 수 있었으며, 힘들다고 생각했던 일도 더 즐겁게 여길 수 있었고, 더 많은 시도를 할 수 있었다.

이처럼 일이든 여가 활동이든, 결과의 영향력을 알면 더 많은 것을 얻을 수 있다. 그러나 주기적으로 그런 기회를 만들기가 어렵다. 그랜트의 연구가 잘 보여주듯 실제 상황을 접하면 당연하게도 영향력을 계속 상기할 수 있겠지만 그렇지 못하더라도 예상해 보는 것이 좋다.

로리의 아내인 일레인을 예로 들어보자. 완화치료 전문 의사인 그녀는 돌봤던 환자나 그 가족들이 감사의 편지를 건넬 때 직업에 대해 보상받는 기분이 든다고 했다. 그런데 병원 시스템상 환자가 치료를 끝내고 집으로 돌아가고 나면 자신을 도와주었던 병원 종사자들의 연락처를 알기 힘들고 감사의 말도 전하기 어렵다. 오웨인과 일레인에게도 이런 일이 일어났다. 그들은 아들이 태어난 후 병원에서 집으로 돌아오고 나서 분만과 조리를 도와준 산부인과 사람들에게 감사카드를 보내고 싶었지만, 각각의 이름이나 직접 연락할 방법을 찾을 수 없었다.

호주 시드니의 한 병원은 이런 점을 개선시켰다. 퇴원한 지 한 달째 되는 날, 메일을 보내 병원 이용에 대한 질문을 하는 시스템을 적용했다. 간단한 방법이었지만 환자들은 보통 질문에 대한 답과 함께 감사의 인사를 잊지 않았고, 고마웠던 사람들을 언급했으며 치료와 도움에 대해 되새겨볼 수 있었다.

성공적인 '반영'의 연구는 행동통찰팀에서 다양한 종류로 시행했다. 한번은 학교에 개입하여 학생들이 대학에 진학하도록 하는 많은 방법들을 실험해보았다. 이때 학생들과 부모님들에게 대학 진학의 장기적 이익과 같은 정보만을 제공하는 것이 효과적이지 않음을 알게 되었다. 이에 비해 졸업생들로부터 대학교를 다니는 것이 어떤지를 듣는 것은 효과적이었다. 게다가 졸업생들은 대학교 진학으로 얻는 이익과 미래의 커리어 가능성에 대해 심사숙고하게 되었다.

이와 비슷한 의도로 행동통찰팀은 월요일 회의에서 항상 '이번 주의 앗!' 시간을 갖는다. 성과나 일에 대해 다른 동료에게 받은 도움에 대한 긍정적인 말과 칭찬을 하거나 특별히 인상 깊었던 일에 대해 이야기하는 시간이다. 동료에게 감사의 인사를 전하는 좋은 방법이자, 다른 동료에게도 변화를 일으킨 동료의 업적을 팀 전체에 반영할 수 있는 기회이기도 하다.

목표에 달성하여 얻은 것을 되돌아보는 시간을 가지길 바란다. 특히 다른 사람의 도움이 영향을 주었다면 더욱! 물론 어떤 목표는 지극히 개인적인 것이다. 등산, 체중 감량, 이직 등은 타인에게 특별한 영향을 끼치기 어려울 수도 있다. 이런 경우에는 조금 다른 방법을 시도해보길 바란다. 그 과정에서 배운 것을 반영해보는 것이다. 목표를 이루기 전에도 할 수 있고, 성공(또는 실패)한 뒤에도 할 수 있다.

이에 대한 연구를 행동통찰팀의 또 다른 지인인 하버드대학교 연구원 프란체스카 지노와 동료들이 했다. 다음 도전을 시도하기 전에, 배운 것과 얻은 것을 되돌아보도록 한 연구였다. 많은 조사가 이루어졌고, 공통적으로 알아낸 것은 바로 배운 것에 대한 짧은 시간의 반영 또는 되돌아보는 행위가 큰 이익을 가져다주었다는 점이다.

지노는 많은 연구를 진행했다. 그중 하나는 세계적인 IT기업의 콜센터였는데, 인도에 있는 컨설팅과 아웃소싱 기업을 대상으로 한 것이었다. 연구는 신규 직원들의 트레이닝 첫 주에 이루어졌다. 콜센터의 모든 직원들은 같은 기술적 트레이닝을 받았으나, 한 가지 중요한 차이가 있었다. 한 그룹은 그날의 마지막 15분간 오늘 배운 것과 얻은 교훈을 되돌아보고 글로 적는 시간으로 채웠고, 다른 그룹은 그 15분도 똑같이 일만 하다가 끝냈다. 한 달 후 트레이닝 결과를 살펴보니, 매일 15분 동안 하루를 반영한 글을 쓴 그룹의 성과가 그렇지 않았던 그룹에 비해 20퍼센트가 높았다. 지노는 이런 종류의 반영이 신중한 연습(앞에서 언급했던)을 대체하는 것은 아니라고 했다. 오히려 그 반대로 강력한 보완이라고 했다.

또 다른 연구에서 심장수술 전문의들에게 교수의 감독 아래 엄청난 노력이 필요한 수련을 하도록 했다. 목표는 수술을 가능한 한 빠르게, 더 잘하는 것이었다. 하지만 혼자 해야 한다는 제한이 있었다. 경험을 통한 배움과 함께 연습의 과정을 반영하면 더 빠르고 잘할 수 있으리라는 기대가 있었고, 결과적으로 그러했다.

목표를 향해가는 과정에서 배운 것들에 대해 생각하고 되돌아보라. 그리고 그것을 반영해 그다음 시도 (또는 실험)할 것을 정해보자. 완전히 목표를 이루었다면, 새로운 목표 전에 이루어낸 것들을 되돌아보는 시간을 반드시 가져보자.

누구나 목표에 다다르기 전에 생기는 일련의 작은 변화들을 돌아보면서 힘과 자신감을 얻기를 바라고, 이후에는 더 큰 목표를 이루고 싶을 것이다. 그래서 명확하게 이룬 바에 대해서는 자축을 하고 그 순간을 즐기기를 추천한다. 이는 그저 기분이 좋은 일에 그치는 것이 아니라 심리학적으로 긍정적인 효과가 있는 행위로, 특히 어렵고 힘든 목표로 인해 고통을 견뎌야 할 때 필요하다. 심리학에서는 이를 '절정과 종결의 법칙(Peak-End Rule)'이라고 한다. 경험은 기쁨과 아픔의 총체적인 합보다 절정에 달했을 때와 마지막 순간에 느끼는 감정으로 기억된다는 내용이다.

치과에 간다고 가정해보자. 누구나 가능한 한 치료가 빨리 끝나는 게 낫다고 생각할 것이다. 조사 결과 이럴 때 인내에 더 중요한 것은 가장 고통스러운 순간과 치료가 끝난 마지막 순간이라고 한다.

대니얼 카너먼과 동료들은 피실험자들을 대상으로 두 가지 실험을 했다. 카너먼은 후에 이를 '약한 고문'이라고 했다. 첫 번째로는 한 손을 섭씨 14도인 차가운 물속에 넣고 30초를 견디게 했다. 물은 적당히 고통스러운 온도로, 견딜 수 없을 정도는 아니었다. 고통에 대해 판단하기에 너무 차갑지 않은 것은 아닌가, 생각된다면 한번 해보라! 7분 후, 그들은 다음 실험으로 넘어갔다.

이번에는 다른 손을 똑같이 섭씨 14도인 차가운 물속에 30초간 넣어두었다. 하지만 그 후에(30초가 지나자마자) 그 손을 그대로 섭씨 15도인(여전히 고통스럽지만 놀라울 만큼 덜 차갑다고 느껴지는 1도의 차이로) 물속에 넣고 30초 동안 견디도록 했다. 두 번의 실험을 마친 뒤 참가자들에게 다시 한번 해야 한다면 어떤 실험을 선택하겠느냐고 물었더니, 현저히 많은 수의 참가자들이 더 긴(두 번째) 시간의 실험을 하겠다고 했다. 고통을 감내한 총 시간이 더 길었는데도 말이다. 실험 그 자체만 보면 두 번째 경우가 확실히 더 힘든 것이었지만, 경험과 기억은 달랐다. 절정의 순간을 순간으로 기억하고 지속 시간에 대한 정보는 분리해서 저장하기 때문이다. 카너먼과 동료들은 경험에 대한 평가가 절정인 순간과 마지막 순간에 의해 결정된다고 했다.

이런 연구는 목표를 향한 과정 중에 기쁨이 절정에 다다른 순간을 최대화하며 목표에 다다르는 마지막 순간은 가능한 한 기쁘고 행복한 순간으로 만들 필요가 있다는 것을 시사한다. 그러니 그 마지막 순간에 축하하는 시간을 가져보도록 하자.

가고 싶었던 곳에 가서 와인을 마시거나 팀의 목표를 이루었을 때 파티를 하는 것을 상상하는가? 그보다는, 그 순간을 '캡처'해보는 방법을 생각해보자. 마지막 순간을 사진으로 찍어보는 등의 방법으로 말이다. 왜 내가 그 힘든 시간들을 버티고 이겨냈는지를 기억하면 그다음 도전에 더 큰 인내심을 가지고 도전할 수 있을 것이다.

특히 장기간의 목표를 설정했을 때, 시간에 따라 새로운 기술을 배워야 할 때, 앞으로 나아가고 지속적으로 같은 일을 하는 게 쉬워질 것이다. 실제로 새로운 것을 배우는 것이 아니라 그저 연습일 뿐인데도 성취감을 느낄 수 있다.

더 잘하고 싶다면 어떻게 배우는지에 대해서도 생각해야 한다. 그러기 위한 최고의 시작은 어떻게 할지 미리 생각해보는 것이다. 목표를 어떻게 나누고, 각 과정을 해내고, 눈에 띄는 발전을 위해 어떤 노력과 연습, 배움이 필요한지를 생각하라. 그렇게 하면 새로운 아이디어와 기술에 대한 실험과 경험을 자연스럽게 할 수 있을 것이다. 방대한 규모의 무작위 실험은 어렵겠지만, 과정 중에 생기는 피드백을 통해 배울 수 있을 것이고, 작은 변화들의 효과를 발견하고 체감하며 얻는 것들이 있을 것이다.

마지막으로 단계들을 이루어가며 되돌아보면서 어떤 것이 잘될 것인지 (또는 그렇지 않을 것인지) 생각하는 시간을 가져라. 목표를 이루고 나서 그 순간을 축하하고 기념하는 것도 잊지 말자. 조금 더 되돌아본 후엔 그다음 목표로 무엇을 이루고 싶은지 쉽게 생각해볼 수 있을 것이다.

아주 작은 생각의 힘

CONCLUSION

결론

작게 생각하는 것은 목표를 세울 수 있는 발판을 제공해준다.
이것을 엄격한 규칙으로 여기라는 뜻이 아니니 걱정하지 말자.
모든 상황에 각 기술과 도구들을 모두 적용하라는 것이 아니다.
하지만 든든한 지원을 받을수록 단단한 발판을 만들 수 있다는 것은 분명한 사실이다.

누구나 작은 것보다는 큰 것을 이루고 싶어 한다. 그래서 '크게 생각하라'는 말에 현혹되기가 쉽다. 하지만 앞서 살펴보았듯 '작고 구체적인' 과정이 없으면 아무리 자신감으로 가득 차 있어도 목표를 이루는 것이 쉽지 않다. 큰 것을 원하는가? 큰 목표를 계획하는가? 그렇다면 작게 생각하고 작은 것을 계획하라.

과학

왜 작게 생각해야 하는지를 이해하기 위해서는 상응하는 과학적 요소들을 먼저 이해할 필요가 있다. 이 책을 쓴 이유이자 많은 연구 사례를 통해 목표 달성 과정에 대한 설명을 한 배경이 바로 그것이다. 일단 인간이 정보를 처리하고 결정하는 다양한 방법을 이해하는 것이 중요하다.

다시 한번 강조하는데 인간은 '느린 숙고 체계'와 '빠른 자동 체계'를 동시에 가지고 있다. 느린 숙고 체계는 운전하는 법을 배울 수 있도록 해주고, 빠른 자동 체계는 운전을 완전히 배운 후 큰 노력 없이 운전할 수 있도록 해준다.

작게 생각하는 법의 요점은 느린 숙고 체계를 언제 어떻게 효율적으로 사용할 수 있는지와 빠른 자동 체계를 어느 방향으로 이용할 것인지를 이해하는 것이다. 물론 쉽지는 않다.

빠른 자동 체계는 복잡한 세상을 쉽게 살아갈 수 있도록 해주면서도(이를테면 페달 밟는 시점을 깊이 생각하지 않고 자연스럽게 밟으며 운전할 수 있도록) 체계의 오류를 만드는 경향이 있기 때문이다. 게다가 동시에 느린 숙고 체계를 이용해 모든 결정을 '처리할' 충분한 정신적 능력을 가지고 있지 않다. 인간의 인지 범위는 제한적이고, 감당할 수 있는 선을 넘어가면 실패해버린다. 그래서 작고 구체적인 것들이 중요하다. 작게 생각하면 큰 목표와 연결된 빠르고 느린 체계를 확장해서 사용할 수 있고 두 체계의 위험한 요소들을 피할 수가 있다.

빠른 자동 체계와 느린 숙고 체계의 실행에서는 '시간의 효과'를 이해해야 한다. 빠른 자동 체계는 현재의 보상을 크게 선호하고 노력이 필요한 결정을 내일로 미루고자 한다. 느린 숙고 체계는 더 나은 보상이 있을 것이라는 이해가 가능하도록 하지만, 만족감이 내일로 미루어지고 더 힘든 결정이 오늘 일어났을 때에만 이루어진다. 작게 생각하는 법의 많은 도구들은 더 도덕적이고 고결한 방법으로 나아가는 것이고, 빠른 자동 체계를 적이 아닌 친구로 여겨 함께 이겨나가는 것이다.

작게 생각하고, 큰 것을 이루어라

작게 생각하는 것은 목표를 세울 수 있는 발판을 제공해준다. 이것을 엄격한 규칙으로 여기라는 뜻이 아니니 걱정하지 말자. 모든 상황에 각 기술과 도구들을 모두 적용하라는 것이 아니다. 하지만 든든한 지원을 받을수록 단단한 발판을 만들 수 있다는 것은 분명한 사실이다.

마치 구조물과 마찬가지로 '토대'와 함께 시작해야 한다. 목표의 처음을 설정하는 데에서 시작하는 것이다. 이것을 느린 숙고 체계와 깊이 연결시켜라. 처음 시작할 때 무엇을 이루고자 하는지 잘 생각하는 시간을 가지고, 일상과 업무, 여가 시간의 웰빙을 높이는 단서들을 그려보길 바란다. 이 책에서는 당신이 목표를 실행 가능한 작은 단계들로 나누는 것이 궁극적인 목표를 더 빠르게 이루는 방법이라고 설명했고, 어떻게 해나갈 것인지를 상세히 계획하여 성공에 더 다가가도록 했다. 특히 특정 순간의 행위에 '만약에 계획'을 이용하는 것이 좋을 것이라 했다. 반복적으로 행하면서 좋은 습관을 만들면 쉬워진다. 빠른 체계를 천천히 찾아가는 것이다.

그다음으로는 지속적인 동기부여로 발판을 강화하는 방법을 소개했다. 목표에 대한 일련의 약속으로 현재의 자신과 미래의 자신 사이에 발생하는 압박을 극복하도록 했다. 서약을 통해, 공공연한 발표를 통해 의도를 잘 따라갈 수 있는 방법들을 기억하자. 또 보상 체계가 매우 효과적이지만, 구체적이고 적절하지 않을 때엔 역효과가 나타날 수 있다는 것을 배웠다.

또한 목표 달성을 지극히 개인적인 것으로만 생각하는 것에 대해서도 알아보았다. 타인과 함께하는 것은 자신의 목표 달성을 도와줄 뿐만 아니라, 타인을 위한 기회를 찾는 것이기도 함을 잊지 말자. 그다음으로 알아본 좋은 피드백에 대해서도 기억하라. 얼마나 잘하고 있는지 알지 못하면 목표 달성의 과정이 더 힘들어진다.

또한 기술을 연마하려면 많은 연습이 필요하며 어떤 방법이 최선인지를 알아볼 실험을 해보라고 했다. 끝으로 그간의 과정을 되돌아보는 시간을 가지고 목표 달성의 순간을 축하하자. 힘든 과정 끝의 단 열매를 즐기기 위해서만이 아니라, 다음 도전을 더 쉽게 만들어줄 교훈들을 되짚어보기 위함이다.

일반 상식과 반직관

책에서 소개한 여러 도구들이 얼마나 효과적인지를 보여주는 사례들이 많음에도 불구하고, 이런 방법들을 거부하는 사람들 역시 많다. 특히 다음 두 가지 비판이 일어날 가능성이 크다.

첫 번째 비판은 작게 생각하는 것이 작은 목표에만 괜찮은 방법이라는 것이다. 하지만 생각해보라. 크고 대단한 것을 이루고자 큰 변화를 일으켜야 할 때가 있을 것이다. 이때에는 완전히 다른 접근이 필요하다.

전쟁이라는 불행한 주제에 대해 떠올려보자. 제2차 세계대전을 생각하면, 작고 소소한 계획이 아닌 마샬 계획(미국이 유럽의 재건을 위해 120억 달러를 지원한)이 필요했다. 즉, 종종 크고 대담한 단계를 취해야 할 때가 있다. 실제로 최근에 팀 하포드는 지속적 향상에 대한 미미한 성과에 대해 의견을 낸 바가 있다. 때로는 큰 도약이 더 급진적인 혁신과 변화를 일으킨다는 것이다. 그는 스코틀랜드 사이클팀인 그램 오브리를 예로 들었는데, 훈련 방법과 자전거 디자인에 큰 변화를 주어 세계 기록을 두 번이나 갈아치웠다는 것이다.

크게 보면서 중요한 변화를 만들지 말라는 이야기가 아니다. 오히려 그 반대임을 확실히 해두고 싶다. 다만, 아주 높고 먼 목표에 온전히 집중하는 것만이 목표를 이루는 데 도움이 되는 것은 아님을 강조하는 것이다.

마샬 계획은 대담한 미래 비전이었지만, 동시에 어떻게 적용할지에 대한 명확한 계획을 품고 있었다. 이것이 가장 중요한 부분이다. 그 속에서는 작게 생각하는 것이 작용했다. 아주 먼 꿈을 꾸는 것만으로는 충분하지 않다. 그 꿈을 현실과 연결하는 것이 중요하다. 강력한 '부스터'를 원한다면, 속을 들여다보아야 부스터를 만들 세부적인 도구들을 찾을 수 있다.

때로 목표를 이루기 위해서는 일상의 변화가 필요하다는 것을 기억하자. 금주를 위해서라면 막연하게 음주량을 줄이는 것보다 간단하면서도 확실한 계획(집에서의 금주 등)을 세워야 한다. 업무의 균형을 위해서는 7시 이후에는 업무 메일에 답하지 않도록 약속을 해야 한다. 성적 향상을 위해서는 학업 도우미를 구하거나 더 나은 피드백을 줄 수 있는 파트너를 구하는 것이 좋다.

두 번째 비판은 조금 더 미묘하면서도 치명적일 수 있다. 작게 생각하는 것이 일반적인 상식에 불과하며, 그 이상은 아니라는 것이다. 장기간의 목표를 작은 단계들로 나누면 쉬울 수밖에 없다는 비판은 당연히 있을 수 있다. 누군가의 도움이 있다면 목표 달성이 쉬워진다는 이야기에 딱히 놀라고 감명을 받을 사람은 아마 없을지도 모른다. 이 비판에 대해서도 동의한다. 작게 생각하는 방법의 많은 교훈들은 일반적인 생각에서 크게 벗어난 것들이 아니다.

아주 작은 생각의 힘

하지만 일반적인 것도 적용하는 바에 따라 실패하기도 하고, 지속적으로 훈련하는 경우가 많지 않다는 것이 문제다. 행동통찰팀은 이에 대해서도 연구를 했다. '너무 당연한 소리만 하는 것이 아닌가?'라는 질문을 받을 때, '그렇습니다.'라고 대답한다. '네 장을 빼곡하게 채운 법적인 말들로 가득한 세금청구서보다 한 줄의 강력한 편지가 이해하기 쉽고 효과적인 것은 당연한 것 아닌가요?'라는 질문에도 '그렇습니다.'라고 대답한다.

그리고 '그런데 왜 여전히 어려운 법적인 말들로 가득한 청구서를 보내고 있나요?'라고 되묻는다. '명확한 종료 시점, 규칙, 책임, 과정의 완수와 구체적이며 적절한 피드백이 있으면 더 나은 결과가 있을 것이라는 것도 당연한 이야기 아닌가요?'라는 질문에도 '그렇습니다.'라고 대답한다.

'그런데 왜 실패하나요? 왜 제 시간 내에 해내지 못하고 있나요?'라는 또다른 질문이 돌아온다. 이처럼 종종 가장 간단하고 뻔한 것을 적용하기가 힘들 때가 있다. 작게 생각하는 법도 마찬가지다. 흔히들 알고 있는 이야기들인가? 그렇다면 얼마나 목표 달성을 위해 많은 방법들을 적용하고 있었는가? 한번 생각해보았으면 한다.

그리고 행동통찰팀은 작게 생각하는 방법이 그렇게 당연한 소리만은 아니라는 것을 증명해왔다. 이 책의 가장 중요한 몇몇 요점들은 반직관적인 것들이다. 판에 박힌 대로 목표를 추구하는 것이 얼마나 웰빙과 행복의 향상에 도움이 되지 않는지 알아보았다. 관계, 건강, 그리고 웰빙에 관련한 결정적인 역할은 직관적인 것이 아니다.

앞에서 그저 목표에 대해 말하는 것은 역효과를 일으킨다는 사실을 짚어보았다. 반면에 구체적인 계획을 공공연하게 말하고, 서약하고 보여주면 긍정적이고 큰 효과를 얻을 수 있었다. 사랑하는 연인을 약속 심판 도우미로 지정하는 것이 왜 역효과인지, 그리고 신뢰할 수 있는 제3자, 서약서의 내용들을 제대로 따라주고 판단해줄 사람이 적합하다는 것도 보여주었다. 또한 타인을 돕는 것이 상상했던 것보다 자신에게도 도움이 되고, 보상이 내재적 동기를 침해할 수도 있으며, 역효과를 일으킬 수도 있다는 것도 확인했다.

이런 요소들은 일반적인 상식선에 있다고 말하기 어렵다. 직관에 반하는 방향이자, 왜 작고 구체적인 사항들이 중요한지를 계속 증명해주는 증거들이다. 하루아침에 올림픽 선수나 백만장자 CEO가 되지는 않겠지만, 삶을 더 가치 있게 바꾸기에는 충분한 것들이다.

나누고, 계속 노력하라

이 책을 마치는 것이 길고 어렵게만 느껴졌었다. 하지만 끝으로 갈수록, 여러 개념들을 되돌아보고 쓰는 것이 행동통찰팀에게도 도움이 되고 중요한 점들을 상기시키는 계기가 되어주었다.

그중 가장 중요했던 것은 이 책을 쓴다는 '목표'에 도움을 준 사람들이다. 행동통찰팀의 수많은 연구와 수년간 진행해온 조사를 도와주는 사람들(행동통찰팀원들을 포함하여)이 없었더라면 이 책은 완성될 수 없었다. 일레인과 소피(저자들의 아내들)이 없었더라면 불가능했을 것이고, 그녀들의 도움과 조언, 피드백이 없었더라면 많은 문장들이 완성되지 못했을 것이다. 이 책을 공동으로 집필한 것 또한 아주 중요하고 훌륭한 결정이었다. 아이디어를 공유하고, 서로 도전할 과제를 떠안고, 힘든 과정들을 더 즐겁고 쉽게 해낼 수 있었다. 반복해서 말하지만, 최고의 조언은 바로 '다른 사람과 돕고 나누고 함께하라.'는 것이다.

타인과의 협동을 강조하면서, 동시에 마지막 퍼즐 조각과 같은 역할을 하는 것이 바로 지속되는 노력임을 강조하고 싶다. 가장 도전적이었던 과제를 잘 수행하는 데 집중하라. 그리고 지속적으로 실험하고, 새로운 기술을 익히면 어떤 것이 가장 효과적인지 알 수 있다.

이 책을 쓰면서 행동통찰팀은 이런 요소들을 잘 적용했다. 행동과학의 새로운 아이디어를 차용하고자 했고, 지속적인 실험과 연습을 해왔으며, 정말로 효과적인지 알기 위해 다양한 방법으로 접근했다.

　당신도 마찬가지다. 이 모든 도전적인 요소들을 극복하는 것이 탄성과 기술을 발전시키는 데 큰 도움이 될 것이다. 다시 말해, 하나의 목표를 성공적으로 완수했다면, 미래의 목표에 대한 토대 중 일부를 이미 가진 것과 다름없다는 사실을 알려주고 싶다. 그리고 일련의 과정들을 적절하게 잘 사용하여, 실제로 다양한 목표들을 잘 이루어내기를 바란다. 목표가 떠오르는가? 이제 시작할 차례다.

APPENDIX

부록

여기의 체크리스트를 참고로 단계별 계획을 세워보자.
특히 장기간의 목표를 설정했을 때, 앞으로 나아가고 지속적으로 같은 일을
하는 것이 쉬워질 것이다.
그저 연습하는 것만으로도 성취감을 느낄 수 있을 것이다.

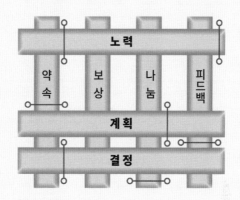

'작게 생각하는 법'의 활용

일곱 가지 단계로 제시한 훌륭한 방법들을 잘 기억하고 따라하면 큰 도움이 될 것이다. 요점만을 다시 정리한 체크리스트를 통해 목표를 이루어보자. 예시는 가장 일반적이면서도 누구나 목표로 한번쯤은 설정해본 것을 사용했다. 물론, 자신만의 목표는 이것을 참고해 새로 설정하면 된다. 어떤 세부적인 사항들이 도움이 될지 잘 살피고, 이제 스스로 각 단계별 계획을 세워보길 바란다.

목표 : 운동

1단계 : 결정

☐ 올바른 목표를 선택하라.

건강해지고 운동 능력을 향상시킨다 – 마라톤을 한다.

☐ 하나의 목표에만 집중하고 명확한 대상과 기한을 설정하라.

5월 31일까지 5개월 동안 네 시간 이하의 마라톤을 한다.

☐ 목표를 감당할 수 있는 작은 단계들로 나누어라.

각기 다른 훈련 목표를 주 단위로 정한다(인터벌 트레이닝, 중간 달리기, 장거리 달리기, 수영, 자전거). 그리고 10킬로미터 달성(2월), 하프 마라톤(3월), 마라톤(5월)을 시행한다.

2단계 : 계획

☐ 간단하게 만들어라.

일주일에 네 번 연습한다.

☐ 실행 가능한 상세 계획을 세워라.

다이어리에 월요일 연습 계획(인터벌 트레이닝), 수요일 아침 연습 계획(중간 달리기), 토요일 아침 연습 계획(장거리 달리기), 일요일 아침 연습 계획(수영 또는 자전거)을 쓴다.

☐ 계획을 습관으로 만들어라.

월요일, 수요일, 토요일, 그리고 일요일의 계획을 습관으로 만든다.

규칙적인 연습을 같은 신호에 따라 시행한다(알람 끄기, 가벼운 아침식사 후 운동 등).

3단계 : 약속

☐ 나 자신과의 약속을 만들어라.

목표와 계획에 대한 약속을 한다.

☐ 서약서를 쓰고 공공연하게 말하라.

목표 시간과 연습 계획을 동료들에게 이메일로 전달한다.

☐ 약속을 심판할 도우미를 구하라.

동료 중 신뢰할 만한 사람에게 주 단위 운동의 심판 도우미가 되어달라고 한다.

4단계 : 보상

☐ 성패에 의미가 있는 보상을 설정하라.

보상은 목표한 기일보다 일주일 이상 뒤의 시점으로(6월) 설정하고, 이루었을 때만 주어진다고 정한다.

☐ 좋은 습관을 만들어줄 작은 보상들을 이용하라.

달리는 동안에만 가장 좋아하는 팟캐스트나 앨범을 들을 수 있다.

☐ 역효과를 조심하라.

네 시간의 연습 시간을 채우지 못하면 가장 싫어하는 축구팀에 30만 원을 기부하는 것으로 정한다. 5월에 마라톤을 완주하지 못하면 60만 원을 내야 한다.

5단계 : 나눔

☐ 도움을 요청하라.

함께하는 파트너와 금주를 약속하고 10시 전에는 잠자리에 들도록 정한다.

☐ 소셜 네트워크(사회적 연결망)를 이용하라.

토요일의 장거리 달리기에 적합한 파트너를 찾는다.

일요일에는 수영이나 자전거를 함께할 파트너를 구한다.

☐ 집단(그룹)의 힘을 이용하라.

다른 사람들과 함께 모금 활동을 한다(이를테면 마라톤 완주를 목표로 하는 사람들과의 모금 또는 기부금).

6단계 : 피드백

☐ 목표와 관련하여 지금의 위치를 파악하라.

현재 연습 시간과 기록을 지속적으로 확인한다.

☐ 피드백은 시기적절하게, 구체적으로, 실행 가능하게 만들어라.

연습 달리기 중과 실제 마라톤 중 시간과 평균 속도를 잰다(예를 들어 킬로미터당 5분 35초).

☐ 다른 사람들과 비교하라.

연습 계획과 기록을 마라톤 연습을 하는 다른 사람들과 비교해본다.

7단계 : 노력

☐ 집중하고 노력하라.

천천히 체력과 정신력을 기른다.

☐ 실험하고 배워라.

다른 종류의 운동을 실험해본다. 양말이나 신발도 운동에 더 적합한 것으로 테스트해보고 선택한다.

☐ 되돌아보라. 그리고 성공을 축하하라.

마라톤 피니쉬 라인을 통과하는 모습을 사진으로 찍어둔다. 성공을 축하한다.

목표 : 어린 자녀와의 시간 늘리기

1단계 : 결정

☐ 올바른 목표를 선택하라.

어린 자녀와의 유대관계를 강화한다.

☐ 하나의 목표에만 집중하고, 명확한 대상과 기한을 설정하라.

한 해 동안 적어도 일주일에 세 번은 아이들의 독서, 목욕, 그리고 수면 시간을 돕는다.

2단계 : 계획

☐ 간단하게 만들어라.

월, 화, 금요일에는 5시에 퇴근한다.

☐ 실행 가능한 상세 계획을 세워라.

출근 시간을 오전 7시 30분으로 앞당기고 업무나 미팅을 오후 4시 30분에 종료한다. 휴대폰에 알람 시간을 오후 4시 45분으로 맞추고 아이들의 사진이 함께 뜨도록 설정한다. 알람이 울리고 있을 때에도 업무 중이라면 바로 컴퓨터를 끄고, 급한 업무는 아이들의 취침 후 처리하도록 한다.

3단계 : 약속

☐ 약속을 만들어라.

일요일 저녁에 아이들과 이번 주에는 어떤 책을 읽어줄 것인지 약속을 정한다. 읽어줄 책의 목록을 정리하여 직장 동료(심판 도우미)에게 이메일을 보낸다.

4단계 : 보상

☐ 역효과를 조심하라.
그 주의 목표를 달성하지 못하면, 한 주 동안 동료에게 점심을 사주고 주말
에는 아이가 골라주는 옷을(어떤 옷이든) 입는다.

5단계 : 나눔

☐ 도움을 요청하라.
팀장급의 임원에게 도움을 요청하여 늦은 시간의 미팅이나 야근을 없애고
월, 화, 금요일에는 함께 오후 5시에 회사를 나서도록 한다.

6단계 : 피드백

☐ 목표와 관련하여 지금의 위치를 파악하라.
주방에 붙여둔 달력에 과정을 기록하고, 기록한 내용을 사진으로 찍어 매주
마다 동료에게 보낸다.

7단계 : 노력

☐ 실험하고 배워라.
다양한 장르의 책을 읽어주고(그림책, 플랩북, 내용이 많은 책), 또 노래를
불러주기도 하며 어떤 것이 아이들의 취침에 가장 효과적인지 알아본다.

☐ 되돌아보라. 그리고 성공을 축하하라.
매월마다 자녀에게 어떤 책이 가장 좋았는지를 물어보고 그것을 지인들과
공유한다.

아주 작은 생각의 힘

목표 : 더 훌륭한 팀장 되기

1단계 : 결정

☐ 올바른 목표를 선택하라.
직장 내에서의 사회적 관계를 강화한다 – 팀과의 소통과 피드백(직원 평가)을 개선한다.

☐ 하나의 목표에만 집중하고 명확한 대상과 기한을 설정하라.
팀원들의 참여도, 소통과 관련하여 개선안을 마련하고, 연말 직원 평가의 모든 항목 점수를 올린다.

2단계 : 계획

☐ 간단하게 만들어라.
다이어리에 주요사항과 평가를 실행할 기간을 정해 기록한다(금요일 오전 9시부터 오후 2시까지).

☐ 실행 가능한 상세 계획을 세워라.
금요일은 각 팀원을 일대일로 관리하는 날로 정하고(격월로), 모든 팀원들이 완수할 주 단위 업무를 알려주고 피드백을 주는 시간을 가진다. 팀 회의 시간에는 하나의 주제를 정해 방안과 도전 내용을 공유하고, 매월 팀원 모두에게 가장 중요한 내용이나 업적, 배운 교훈 등을 요약한 자료를 이메일로 보낸다.

☐ 계획을 습관으로 만들어라.
매일 마지막 15분을 할애하여 피드백을 수집 및 분석하는 시간을 가진다. 금요일 아침 첫 30분은 회의 시간으로, 다음 주 업무를 미리 공지하고 그 주 업무에 대한 피드백을 한다. 모든 팀원들이 같은 요일과 시간에 동시에 알람을 받도록 설정하게 한다.

3단계 : 약속

☐ 서약서를 쓰고 공공연하게 말하라.

팀원들과 팀장이 주 팀 회의, 일대일 관리, 피드백과 평가, 이메일 계획을 공공연하게 약속하고 3개월마다 그 과정에 대해 검토하도록 한다.

4단계 : 보상

☐ 좋은 습관을 만들어 줄 작은 보상들을 이용하라.

보상 제도를 마련하여(20만 원) 피드백 시간에 가장 정직하고 실행 가능한 피드백을 제공한 팀원에게 수여한다. 팀원들이 스스로를 위해 15만 원을, 그리고 5만 원은 그 피드백 제공이 가능하도록 도와준 사람에게 쓰도록 장려한다.

5단계 : 나눔

☐ 소셜 네트워크(사회적 연결망)를 이용하라.

즉각적 피드백 시스템을 마련하여, 모든 팀원들이 프로젝트가 끝날 때마다 서로 피드백을 주고받도록 한다.

☐ 집단(그룹)의 힘을 이용하라.

월 단위로 공유와 교훈 시간을 기관 내의 다른 구성원들과 연합하여 소통 및 관리 개선 방안을 모색하는 데 활용한다.

6단계 : 피드백

☐ 목표와 관련하여 지금의 위치를 파악하라.

주 단위로 이메일과 피드백 및 평가를 파악하고, 월 단위로 검토한다(3개월 검토 중간에).

7단계 : 노력

□ 실험하고 배워라.

피드백 시간과 이메일 교환을 다양한 방법으로 시도해보고 어떤 것이 가장 생산적인 토론과 개입을 이끌어내는지 알아본다.

목표 : 도움과 봉사

1단계 : 결정

☐ 올바른 목표를 선택하라.
어려운 상황에 놓인 사람을 멘토링하는 방법으로 도움을 준다.

☐ 하나의 목표에만 집중하고 명확한 대상과 기한을 설정하라.
12개월 멘토링 프로그램을 시작한다.

☐ 목표를 감당할 수 있는 작은 단계들로 나누어라.
2월까지 자선 단체와 계약서를 작성하고, 3~4월 동안 트레이닝을 이수한
후 5월에 멘토링을 시작한다.

2단계 : 계획

☐ 간단하게 만들어라.
멘토링 대상을 매주 화요일 오후 5시에 만난다.

☐ 실행 가능한 상세 계획을 세워라.
프로그램 기간 내 함께 완수할 세 가지 도전을 설정한다.

3단계 : 약속

☐ 서약서를 쓰고 공공연하게 말하라.
매주 멘토링 대상과의 활동 내용과 완수할 세 가지 도전을 블로그에 공개한다.

아주 작은 생각의 힘

4단계 : 보상

☐ 좋은 습관을 만들어 줄 작은 보상들을 이용하라.
   멘토링 후에는 스스로에게 가장 좋아하는 테이크아웃 음식을 선물한다.

5단계 : 나눔

☐ 도움을 요청하라.
   가족이나 친구, 동료들에게 멘토링 활동과 도전에 대한 조언을 받는다.

6단계 : 피드백

☐ 목표와 관련하여 지금의 위치를 파악하라.
   완수한 활동과 도전을 일지로 작성하고, 기금액과 기부 대상을 기록한다.

☐ 피드백은 시기적절하게, 구체적으로, 실행 가능하게 만들어라.
   멘토링 대상에게 활동과 도전에 대한 피드백을 부탁하고, 대상에게도 과정에
   대한 피드백을 준다.

7단계 : 노력

☐ 집중하고 노력하라.
   다양한 멘토링과 코칭 기술을 익히고, 특히 적극적이고 효과적인 대응과 경
   청하는 자세를 가지도록 노력한다.

☐ 되돌아보라, 그리고 성공을 축하하라.
   멘토링 대상에게 가장 좋았던 활동과 가장 중요했던 교훈이 무엇이었는지를
   물어본다. 멘토링을 추억할 수 있도록 함께 사진 촬영을 한다.

아주 작은 생각의 힘

초판 1쇄 발행 | 2021년 1월 15일

지은이 | 오웨인 서비스 · 로리 갤러거
옮긴이 | 김지연

펴낸이 | 이삼영
책임편집 | 눈씨
마케팅 | 푸른나래
디자인 | 호기심고양이

펴낸곳 | 별글
블로그 | blog.naver.com/starrybook
등록 | 제 2014-000001호
주소 | 경기도 고양시 덕양구 고양대로 1393, 2층 3C호(성사동)
전화 | 070-7655-5949   팩스 | 070-7614-3657

• 이 책은 저작권법에 따라 보호를 받는 저작물이므로 무단전재와 복제를 금하며,
  이 책 내용의 전부 또는 일부를 사용하려면 반드시 저작권자와 별글 출판사의 서면 동의를
  받아야 합니다.

• 책값은 뒤표지에 있습니다. 잘못된 책은 바꾸어 드립니다.

ISBN 979-11-89998-35-6 03190

이 도서의 국립중앙도서관 출판예정도서목록(CIP)은 서지정보유통지원시스템 홈페이지
(http://seoji.nl.go.kr)와 국가자료 공동목록시스템(http://www.nl.go.kr/kolisnet)에서 이용하실
수 있습니다. (CIP제어번호: CIP2020053411)

별글은 독자 여러분의 책에 대한 아이디어와 원고 투고를 기다리고 있습니다.
책 출간을 원하시는 분은 이메일 starrybook@naver.com으로 간단한 개요와 취지, 연락처 등을
보내주세요.